儒家의
작은 이야기
큰울림 ❶

# 儒家의
# 작은 이야기
# 큰 울림 ①

공병석 지음

學古房

| 머리말 |

고전은 결코 낡은 것이 아니다.

수천 년 전의 문자가 오늘을 말하고, 한갓 오래된 예법이라 여겨졌던 형식 속에서 내일의 인간이 숨 쉰다. 유가儒家의 경학經學은 바로 그런 시간의 교량 위에서 태어난다. 그것은 단순히 경전을 읽고 해석하는 학문이 아니라, 인간의 삶을 통찰하고 시대의 무게를 견디고자 하는 사유의 형식이다.

『의례』를 펼치면, 상복의 종류나 제사의 절차 같은 외형적 규범만 보이지 않는다. 그 형식 너머에는 인간의 감정과 사회의 질서, 그리고 '살아 있는 예禮'가 고스란히 응축되어 있다. 유학은 언제나 인간의 내면과 외면을 함께 닦고자 하였기에, 유가의 경전은 단지 문자로 남은 기록이 아니라 하나의 '길道'이며, 예禮는 단순한 의식이 아니라 '사람의 무늬'였다.

우리가 고전을 읽는 까닭은 과거를 회상하기 위함이 아니다. 오히려 오늘을 살아갈 지혜를 길어 올리고, 다가올 내일을 단단히 준비하기 위한 시간과의 깊은 대화다. 고전은 오래된 거울과 같아서, 그 속에 비친 옛사람의 자취를 통해 오늘의 우리를 비추어본다. 유가의 이야기는 성인聖人의 언행을 넘어 인간의 도리, 사회적 책임, 내면의 수양까지 삶의 전방위적 물음을 던진다. 고대의 언어로 오늘을 성찰하고, 형식 안에서 자유를 모색하며, 학문 속에서 삶을 되새긴다. 누군가는 유학을 구습이라 말하지만, 나는 그 안에서 오히려 내일을 위한 구조를 본다.

『유가儒家의 작은 이야기 큰 울림』은 이 같은 문제의식에서 출발하였다. 본서는 유가 경전과 그에 얽힌 고사를 중심으로, 일상의 언어로 풀어낸 짧지만 깊이 있는 성찰의 글들을 모았다. 각 편은 하나의 고전 장면 혹은 구절을 붙들고, 그것이 오늘의 우리에게 건네는 윤리적 물음과 감정의 떨림을 따라간다. 고전을 단지 앎의 대상으로 삼지 않고, 살아 있는 대화로 복원하고자 하는 시도이자, 독자가 자기 삶을 고전의 거울에 비추어보도록 이끄는 다정한 권유다.

책 속에서 다루는 주제는 실로 다채롭다. 유년기의 예절 교육에서부터 사제간의 도리, 친구를 사귀는 법, 인간관계의 섬세한 감정선과 예禮, 충과 신뢰, 죽음을 대하는 자세에 이르기까지―인간 삶의 전 주기를 아우르는 유가의 가르침이 정갈히 녹아 있다.

『예기 · 내칙』을 통해 유년기 예절의 본질을 들여다볼 때, 그것은 단지 과거의 형식을 되짚는 일이 아니라, 오늘의 교육이 놓치고 있는 몸과 마음의 일치, 품성과 행위의 조화를 되묻는 일이기도 하다.

또한 증자의 '무괴無愧'는 죽음을 앞둔 순간에도 부끄럽지 않은 삶을 살아가고자 했던 성인의 내면을 비춘다. 그것은 하나의 덕목일 뿐 아니라, 삶의 마지막 순간까지 자신의 존재를 지켜 내려는 '사람다운 사람'의 모습이었다. 고전 속 인물들은 단지 과거의 삶을 살아간 이들이 아니다. 그들은 매 순간 자신의 신념을 걸고 삶의 갈림길에 서 있던 존재들이며, 결정적 순간마다 우리에게 조용히 묻는다.

"너는 어떤 선택을 할 것인가?"
"무엇을 기준 삼아 살아갈 것인가?"

이 물음은 단순히 행동의 선택을 묻는 것이 아니라, 존재의 방식과 삶의 준거를 가리키는 물음이다. 고전은 그 질문의 메아리를 시간의 저편에서 되풀이하며, 오늘의 우리로 하여금 응답하게 만든다. 우리는 매일 작은 결정들 앞에서 멈칫하며 서성인다. 그러나 정말로 중요한 것은 '무엇을 할 것인가'보다 '어떤 마음으로 할 것인가'이며, '무엇이 옳은가'를 향한 끊임없는 성찰이다.

이 책에서 특히 주목할 부분은 유가의 '교우交友' 사상을 풀어낸 장이다. 공자가 말한 '중용中庸의 벗'을 만나기 어려운 시대에서, 우리는 차선의 친구—광자狂者와 견자獧者—와 어떻게 관계를 맺을 것인가, 그 삶의 태도를 어떻게 품을 것인가를 함께 사유한다. 이는 오늘날 청소년의 '또래 문화'에서부터 성숙한 우정의 윤리, 그리고 인간관계의 기준과 방향성에 이르기까지, 우리 삶을 다시 돌아보게 하는 실마리가 된다.

『유가儒家의 작은 이야기 큰 울림』은 연속으로 간행될 계획이며, 각 편이 하나의 독립된 사유의 세계를 지닌다. 형식은 짧지만 내용은 깊고, 문장은 담담하지만 울림은 오래 간다. 그 바탕에는 유가의 근본정신, 곧 '도는 사람에게서 멀리 있지 않다道不遠人'는 믿음이 흐르고 있다. 이 책은 거창한 담론보다는 일상의 숨결 속에서 덕의 씨앗을 다시 심으려는 고요한 노력이다.

이 책을 읽는 독자들은, 고전의 언어와 자신의 삶이 어떻게 사유의 여정으로 연결되는지를 경험하게 될 것이다. 이는 단지 유가 사상에 대한 이해를 넘어, 사람됨을 지키며 살아가고자 하는 조용하고 단단한 성찰의 여정이기도 하다.

삶이란 언제나 불확실하고 모호한 지점들로 가득 차 있다. 그럴수록 우리는 더 자주, 더 깊이 삶의 근본을 묻는 물음 앞에 서야 한다. 이 책이 그 길 위에서 잠시 멈춰 숨 고르기를 가능하게 하고, 다시금 자신과 마주 설 수 있는 조용한 거울이 되어주기를 바란다.

세상은 점점 더 빠르게 움직이고, 속도와 효율이 최고의 덕목처럼 여겨지는 시대가 되었다. 우리는 '더 빨리', '더 많이'를 외친다. 그러나 사람을 알아가는 일, 마음을 다듬는 일, 삶의 의미를 묻는 일은 결코 속도를 앞세울 수 없는 익어가는 느림의 과정이다. 유가는 이 느린 성숙의 가치를 오래도록 이야기해 왔다.

『예기』는 인격이 천천히 완성되는 과정을 말하고, 『논어』는 재능보다 수양의 깊이를 말하며, 『맹자』는 자기를 지키는 법과 더불어 살아가는 법을 동시에 묻는다. 이 책은 그런 유가 고전의 숨결을 오늘의 언어로 다시 새겨보려는 시도이다. 가난을 두려워하지 않고, 병든 마음을 경계하며, 물질의 번영보다 인간의 품격을 더 사랑하는 삶—그 오래된 가르침이 지금도 우리를 부르고 있다.

이 책에 담긴 이야기들은 빠르게 읽히는 문장보다, 오래 여운을 남기는 질문을 품고 있다.

우리는 무엇을 익히며 살아갈 것인가?
어떤 관계를 소중히 여길 것인가?
무엇을 삶의 중심에 놓을 것인가?
그리고, 사람의 무늬란 무엇인가?

질문은 때로 대답보다 깊다.
조금 느려도 괜찮다.
다만 그 걸음이 진심이라면,
조금 서툴러도 괜찮다.
깊고 부드럽게, 그러나 단단하게―삶을 길들이는 사유의 여정을 함께 걸어가 보자.

2025년 6월
光正齋에서 孔 炳奭 삼가 쓰다.

| 목차 |

머리말

1. 인仁 ································································· 13
   - 부부에서 천하로 — 예의 시작, 정치의 뿌리 ················· 15
   - 말은 마음을 담는 그릇 — 공자의 언어 윤리 ················· 23
   - 사람을 알아보는 지혜 — 편견없는 성찰 ····················· 29
   - 길 위의 공자 — 난세와 길 찾기 ······························· 35
   - 들을 줄 아는 리더, 시대를 이끄는 힘 ························ 40
   - 가벼운 군주, 무거운 백성 — 맹자의 위정爲政 ················ 47
   - 이익을 좇은 정벌, 민심을 잃은 실패
     — 맹자가 밝힌 통치의 근본 ··································· 55
   - 바람은 풀을 누이고, 덕은 사람을 감화 시킨다
     — 맹자의 왕도王道 ············································· 61

2. 화和 ································································· 67
   - 배움과 생각의 조화 — 『중용』의 다섯 걸음 ··················· 69
   - 절제된 슬픔, 조화로운 이별 — 애도의 예학 ················· 74

- 누구와 함께 할 것인가? — 택우擇友의 지혜 ················ 79
- 슬픔의 형식 — 상실을 견디는 틀, 예禮 ················ 87
- 삶과 죽음을 마주하는 자리 — 두 기둥 사이의 성찰 ······ 93
- 일은 삶의 태도다 — 증자에게 배우는 선택의 순서 ······· 99
- 군자君子 — 절제와 조화의 품격 ······················· 104
- 구름은 바람 없이 움직이지 않는다 — 맹자의 경고 ······ 109

3. 예禮 ························································ 117
- 죽음을 통해 배우는 삶의 지혜 — 예제禮制의 원리 ······ 119
- 사람의 무늬 — 예禮 ···································· 127
- 예는 경계境界가 아니라 교량橋梁이다 ················· 135
- 형식을 넘어선 인간다움의 언어 — 예禮 ················ 142
- 감정과 예禮의 경계에서 — 유자와 자유의 문답 ········· 149
- 순장殉葬 — 사람을 묻지 않고, 예禮를 묻다 ············ 157
- 제도制度 속의 마음, 마음속의 제도 ···················· 165
- 예禮의 씨앗 — 유년 교육 ······························ 171

4. 성誠 ································································· 177

- 증자의 마지막 가르침 — 무괴無愧의 삶 ················ 179
- 시련과 군자의 품격 ················································ 184
- 너무 이른 빛, 너무 빠른 그늘
  — 나이테는 한해에 하나씩 자란다 ···················· 190
- 역자이교易子而教 — 사랑과 이성 사이 ················ 195
- 배움은 출렁임을 지나 마음이 닿는 일 ···················· 201
- 배움의 순서, 사람의 길 ·········································· 207
- 실천과 실용 없는 학문의 공허함
  — 외워도 쓸 줄 모르면, 배우지 않은 것과 같다 ········ 215
- 불확실한 것에서, 마음을 지킨다는 것 ···················· 221

5. 정情 ··································································· 229

- 부모를 향한 마음, 사람됨의 근본
  — 자로의 삶에서 배우는 유가적 실천 ················ 231
- 나에서 세상으로 — 유가적 성찰의 시작 ················ 236
- 자포자기自暴自棄 — 슬픔에 대한 자각 ················ 242

- 자초自招의 끝, 조율되지 않은 삶 ·················· 247
- 절제와 품격의 윤리
  ─ 말, 웃음, 그리고 취함에 대하여 ················· 253
- 물질 너머의 삶, 그리고 당연함이라는 그림자 ················ 259
- 나는, 내가 아는 만큼 살고 있는가? ················ 264
- 가난하지만 병들지 않은 삶 ·························· 270

# 인 仁  인하면 원망이 없다.

타인을 너그럽게 품는 인은 모든 관계의 뿌리이다.
인자한 사람은 원망을 사지 않으며, 그 마음은 신뢰와 화평을 이끈다.
인은 마치 한 줄기 봄빛과 같아, 메마른 마음에도 따스한 숨결을 불어 넣는다.
그것은 사람을 향한 조용한 손 내밈이며, 언제나 먼저 움직이는 사랑의 용기이다.
그러므로 인이란, 사람이 사람에게 다가가는 가장 부드러운 시작이다.

# 부부에서 천하로
— 예의 시작, 정치의 뿌리

【원문】

孔子侍坐於哀公, 哀公曰:「敢問人道誰爲大?」孔子愀然作色而對曰:「君之及此言也, 百姓之德也, 固臣敢無辭而對? 人道, 政爲大.」公曰:「敢問何謂爲政?」孔子對曰:「政者, 正也. 君爲正, 則百姓從政矣. 君之所爲, 百姓之所從也. 君所不爲, 百姓何從?」公曰:「敢問爲政如之何?」孔子對曰:「夫婦別, 父子親, 君臣嚴. 三者正, 則庶物從之矣.」公曰:「寡人雖無似也, 願聞所以行三言之道, 可得聞乎?」孔子對曰:「古之爲政, 愛人爲大. 所以治愛人, 禮爲大. 所以治禮, 敬爲大. 敬之至矣, 大昏爲大. 大昏至矣! 大昏旣至, 冕而親迎, 親之也. 親之也者, 親之也. 是故, 君子興敬爲親, 舍敬, 是遺親也. 弗愛不親 ; 弗敬不正. 愛與敬, 其政之本與?」『禮記·哀公問』

【국역】

　공자가 애공哀公을 모시고 앉았는데, 애공이 말하기를 "감히 묻겠습니다. 사람의 도리 중 무엇이 큽니까?"라고 하자 공자가 숙연히 얼굴빛을 바꾸고 대답하였다. "군주께서 이 말씀을 언급하신 것은 백성들에게 있어서 행운이니, 참으로 신이 감히 사양하지 않을 수 있겠습니까마는 대답을 드리겠으니, 사람의 도리 중에서 정사政事가 가장 큽니다." 애공이 말하기를 "감히 묻겠습니다. 무엇을 정사라고 합니까?"라고 묻자, 공자가 대답하였다. "정치라는 것은 바르게 한다는 뜻입니다. 군주가 바름을 행하면 백성들이 정사를 따를 것입니다. 군주가 행하는 것은 백성들이 따르는 대상입니다. 군주가 하지 않는 것을 백성들이 어떻게 따르겠습니까?"라고 대답했다. 애공이 말하기를 "감히 묻습니다. 정사를 어떻게 해야 합니까?"라고 묻자, 공자가 대답하였다. "부부가 분별이 있으며 부자父子가 친하며 군신 관계가 엄격함이 있어야 하니 이 세 가지가 바르면, 모든 일들이 따라서 바르게 됩니다."라고 대답했다. 애공이 묻기를 "과인이 비록 부덕한 자이지만, 세 가지 말을 행하는 방법을 듣고 싶습니다. 들려주실 수 있겠습니까?" 하였다. 공자가 대답하였다. "고대에 정사를 행하는 것은 사람을 사랑하는 것을 가장 크게 생각했습니다. 사람을 사랑하는 것을 행하도록 하는 것은 예禮가 가장 크고, 예를 행하도록 하는 것은 공경이 가장 크니, 공경함이 지극한 것 중에서는 성대한 혼례가 가장 큽니다. 성대한 혼례는 〈공경 중에서도〉 가장 지극히 큰 것이니, 성대한 혼례가 이미 지극한 것이므로 〈천자나 제후도〉 면복冕服을 입고 친영親迎1)을 하는 것은 〈신부를〉 친애하고자 하는 것입니다. 친애한

---

1) 친영은 혼례에서 시행하는 여섯 가지 예식 중 하나이다. 신랑 될 자가 신부집에

다는 것은 상대로 하여금 나를 친애하게 하는 것입니다. 그렇기 때문에 군자는 공경하는 마음을 일으켜 친애하고자 하는 것이니, 공경하는 마음을 버리면 이는 친애함을 버리는 것입니다. 사랑하지 않는다면 친애하지 못하고, 공경하지 않는다면 바르지 않게 되니 사랑과 공경은 아마도 정사의 근본일 것입니다."라고 대답하였다.

**【유가의 가르침】**

공자가 노魯나라 애공에게 한 말은 오늘날의 감각으로는 다소 낯설게 들릴 수 있다. 그는 나라를 잘 다스리는 일의 실마리를 결혼에서부터 찾아야 한다고 하였다. 과연 결혼이 통치 능력과 어떤 관련이 있다는 말인가? 모든 가정이 평안하면 나라가 부강해질 수 있다는 뜻인가? 혹은 결혼 생활이 원만한 이가 훌륭한 정치인이 될 수 있다는 주장인가?

사실 유학은 전통적으로 군주나 정치인의 능력 그 자체에 큰 비중을 두지 않았다. 유가는 정치적 기량보다, 군주가 민중의 본보기가 될 수 있는가를 물었고, 그 본보기란 무엇보다 도덕적 모범을 의미했다. 군주는 단지 국가의 지배자가 아니라, 백성의 삶을 비추는 거울이자 스스로 질서의 근원이 되어야 할 존재였다. 정직한 군주 아래에서 정직한 신하가 생기고, 탐욕 없는 군주 아래에서 탐욕 없는 백성이 자라는 법이다. 이것이 유학이 군주에게 요구했던 근본적 위치이

---

가서 혼례를 치르고, 자기 집으로 데려오는 예식을 뜻한다.

자 책임이다. 그러므로 인도人道는 사람을 바르게 이끄는 길이며, 정치는 그 길을 현실 속에서 실현하는 제도적 장치이다. 공자가 "사람을 다스리는 도리 중 정치가 가장 크다"라고 한 까닭은 여기에 있다.

공자의 이 말이 오늘날 우리에게 던지는 가장 중요한 통찰은, 사랑이란 가장 가까운 사람으로부터 시작되어야 한다는 점이다. 점진적이고 내면에서부터 출발하는 사랑이야말로 가장 유가적인 사랑이다. 가까운 사람을 사랑하는 일은 언뜻 쉬워 보이지만, 실상은 가장 어렵다. 익숙함은 종종 소중함을 가리며, 일상 속의 관계는 때때로 배려를 소홀히 만든다. 가정에서 가장 먼저 소중히 여겨야 할 존재는 다름 아닌 배우자이다. 남자에게는 아내, 여자에게는 남편이 그러하다. 수많은 인연과 시간의 여정 끝에 맺어지는 결혼은 사랑의 열매인 동시에 새로운 공동체의 시작이며, 그것은 단순한 사적인 연대가 아니라 사회적 삶의 최소 단위인 '가정'의 탄생을 뜻한다. 이처럼 공자가 결혼을 중시한 이유는, 바로 이 가정이 국가의 뿌리를 이루는 단위이기 때문이다. 『중용』에서는 이를 다음과 같이 정리하고 있다.

> 군자의 도는 그 단서가 부부관계에서부터 만들어지니 그 지극함에 이르러서는 천지에 드러난다.
>
> 君子之道, 造端乎夫婦, 及其至也, 察乎天地.

그렇다면 가정이 정치와 어떤 관련을 갖는가? 가정은 단순히 공동생활의 공간이 아니라, 인간관계의 윤리가 최초로 형성되는 장場이기 때문이다. 인간은 가정에서 감정과 관계의 문법을 배우고, 이를 바탕으로 사회적 심리를 형성한다. 일에 능한 이가 반드시 이상적인 가정생활을 영위한다고는 할 수 없지만, 반대로 말하자면 자신의 배우자를 존중하고 사랑하지 못하는 사람에게 타인에 대한 존중을 기대하기는 어렵다. 가정은 더 이상 사적 영역에 머무는 것이 아니라, 사회적 덕성과 공공성을 배양하는 가장 원초적 장소인 것이다.

공자가 노魯나라 애공에게 말한 삼강령三綱領, 즉 "부부는 구별이 있고夫婦別, 부자는 친애하며父子親, 군신은 엄정해야 한다君臣嚴"는 원칙은 인간 윤리 가운데에서도 가장 근본적인 것이다. 여기서 말하는 '삼강'은 단지 세 가지 관계의 규범을 말하는 것이 아니라, 모든 인륜의 기초가 되는 틀을 의미한다. 그 외의 자질구레한 윤리들은 '서물庶物'이라 하여 부차적인 것으로 여겨졌으며, 대개 큰 것이 바르게 되면 작은 것들은 저절로 바른 자리를 찾는 법이다. '정치政治를 바르게 한다'는 뜻으로 해석하는 것도 바로 이 맥락에 뿌리를 두고 있다.

정치를 실현하는 일은 결국 자신의 수양에서 비롯된다. 그러므로 삼강령이 바르게 확립되면, 이는 곧 스스로를 다스리는 도道가 정립되었음을 뜻하며, 그 도는 다시 조정朝廷을 바르게 하고, 조정은 관리들을 바르게 이끌며, 나아가 모든 백성의 삶도 바른 흐름 위에 놓이게 된다. 정치의 근본이 인륜의 수양에 있다는 유가의 관점이 여실히 드러나는 대목이다.

또한 부부의 결합이 먼저 이루어지고 난 뒤에야 부모와 자식 간의 관계가 성립되며, 부자 관계가 정립된 다음에야 비로소 군신 관계가 생겨난다. 인간 사회의 질서는 이와 같은 인륜적 연쇄 속에서 차례로 확장되어 나가며, 그 선후의 질서가 바로 공자가 애공에게 말한 순서인 것이다.

부부 사이에는 내외의 구분에 따른 위치와 자리가 있으므로, 이를 '구별別'이라 하였다. 부모와 자식 사이에는 자애와 효도의 은정恩情이 흐르므로 '친애親'라 하고, 군주와 신하의 관계에는 상하의 질서가 요구되므로 '엄정嚴'이라 이른다. 『주역』에서는 "부부가 있고 난 뒤에야 부자 관계가 생기고, 부자 관계가 생긴 뒤에야 군신 관계가 성립된다."[2]고 하였으니, 이러한 관계의 선후는 인간 사회질서의 자연스러운 발생 순서를 따르는 것이다.

이처럼 세 가지 인간관계의 바름正은 모두 부부관계를 근본으로 삼는다. 그래서 공자는 "성대한 혼례가 중요하게 여겨진다"고 말한 것이다. 정치는 사람을 기르는 일이다. 그러므로 고대의 성왕들은 정치를 시행할 때, 먼저 사람을 사랑하는 것을 가장 중요한 근본으로 삼았다. 그러나 사랑이 절제되지 않으면 무분별함으로 흘러 혼란을 초래하게 되니, "사람을 사랑함에 있어 예禮를 중요시해야 한다"고

---

2) 하늘과 땅이 있은 후에 만물이 있고, 만물이 있은 후에 남자와 여자가 있고, 남자와 여자가 있은 후에 부부가 있고, 부부가 있고 난 연후에 부자가 있고, 부자가 있은 후에 군주와 신하가 있고, 군주와 신하가 있은 후에 상하가 있고, 상하가 있은 후에 禮義를 두는 바가 있게 되었다. (『周易·序卦傳』: 有天地然後, 有萬物, 有萬物然後, 有男女, 有男女然後, 有夫婦, 有夫婦然後, 有父子, 有父子然後, 有君臣, 有君臣然後, 有上下, 有上下然後, 禮義有所錯(措).)

하였다.

예는 공경恭敬 그 자체이다. 그러므로 "예를 다스리는 데 있어 공경을 근본으로 삼는다"고 하였으며, 공경이 극진해질 때 이루어지는 것이 바로 성대한 혼례이다. 따라서 예 속에 담긴 공경의 정신이 최고조에 이를 때, 그것은 부부의 혼례로 구체화된다.

성대한 혼례는 이미 지극한 공경의 표현이므로, 설령 천자나 제후와 같은 지위 높은 이라 하더라도 반드시 면복冕服을 갖추어 직접 부인을 맞이하는 것이 원칙이다. 이는 단지 의례적 절차가 아니라, 상대에 대한 깊은 존중을 드러내는 행위이기도 하다. 상대를 친애하는 사람은 그 친애의 마음을, 실천을 통해 표현해야 하며, 이는 곧 다른 사람으로 하여금 자신을 친애하게 만드는 도리와 연결된다. 그래서 "친애한다는 것은 곧 친애하도록 하는 것이다"고 말한 것이다.

면복을 갖추고 직접 배우자를 맞이하는 것은 공경의 표현이요, "공경을 일으켜 친애함으로 삼는다"는 말이 성립하는 지점이다. 공경을 잃으면 친애도 무너진다. 사랑이 없다면 마음은 멀어지고 감정은 점차 식어간다. 그래서 "사랑하지 않으면 친애할 수 없다"고 하였으며, 공경이 없다면 서로 간의 분별이 사라지고 경계 없이 함부로 대하게 되므로 "공경하지 않으면 바르지 않다"고 하였다.

결국 사랑과 공경의 도리는 가정 내 질서에서 비롯되어, 그것이 점차 사회 전체로 확장될 때 비로소 타인을 향한 무분별한 미움이 거두어지고, 경솔한 태도는 절제되며, 덕성과 교화가 백성 가운데 스며들어 천하의 모범으로 자리 잡게 된다. 이렇듯 "사랑과 공경은 곧 정치의 근본이다"라는 공자의 말은, 정치가 단순한 권력 행위가 아니라 인간관계 속에서의 진실된 정성과 상호 존중을 토대로 구축되어야 한다는 윤리적 기초를 웅변하는 금언金言이다.

# 말은 마음을 담는 그릇
## — 공자의 언어 윤리

【원문】

或曰 :「雍也, 仁而不佞.」子曰 :「焉用佞? 禦人以口給, 屢憎於人. 不知其仁, 焉用佞?」『論語·公冶長』

【국역】

어떤 이가 이렇게 말하였다.
"염옹(冉雍)1)은 어질기는 하나 말재주는 없습니다."
공자는 이를 듣고 이렇게 말하였다.
"말재주를 어디에다 쓰겠는가? 남과의 응답에 말재주로만 한다면, 자주 남에게 미움을 사게 된다. 그러니 그가(염옹) 어진지는 모르겠으나, 말재주를 어디에 쓰겠는가?"

【유가의 가르침】

이 대화를 통해 우리는 중요한 사실 하나를 읽어낼 수 있다. 염옹

---

1) 염옹(冉雍) : 노(魯)나라 사람이며, 공자의 제자이다. 공문십철 중의 한 사람이며, 자(字)는 중궁(仲弓)이다.

은 인仁의 자질을 지녔음에도, 말재주가 부족하다는 이유로 사람들로부터 꺼려지고 빈척擯斥을 받고 있음을 알 수 있다. 이에 공자는 그를 단번에 '인덕仁德을 갖춘 자'로 단정하지 않았고, 오히려 다른 사람들의 언행에 민감하게 반응하는 자들에겐 각성의 메시지를 전하였다.

현대의 시각에서 이러한 공자의 평가는 다소 역설적으로 보일 수 있다. 우리는 표현과 소통이 중시되는 시대를 살고 있으며, 말과 글을 통해 존재를 드러내는 일이 점점 중요해지고 있다. 따라서 '말이 많으면 실수가 따르기 마련이다' 혹은 '침묵은 금이다'라는 전통적인 덕목은 오히려 개인의 의사소통 능력을 제약하고, 국제 사회에서조차 경쟁력을 약화시킨다고 여겨지기도 한다. 그와 동시에 말재주가 뛰어난 이를 향해 '아첨한다'라는 편견이 여전히 존재하는 이중적 심리 또한 우리 문화에 깊숙이 뿌리내려 있다.

그렇다면 우리는 '신언愼言', 곧 말을 삼가고 신중히 하는 태도를 어떻게 이해해야 할까? 우선 공자, 나아가 유가儒家의 전통이 왜 그러한 언어 윤리를 강조했는지를 물어야 한다. 『논어·위령공衛靈公』편에서 공자는 다음과 같이 말한다.

> 공자가 말하였다. "더불어 말을 할 수 있는 상대인데도 더불어 말을 하지 않으면 그 사람을 잃게 되고, 더불어 말할 상대가 아닌데도 더불어 말을 하면 그 말을 잃게 된다. 지혜로운 자는 사람도 잃지 않고, 또한 말도 잃지 아니하느니라."

子曰 :「可與言而不與之言, 失人 ; 不可與言而與之言, 失言. 知者不失人, 亦不失言.」

공자는 지혜로운 사람은 언어의 사용에 대해서 매우 세밀하고 신중하며 섬세해야 한다고 생각하였다. 일부 학자들은 이것이 공문孔門 교육의 목표와 매우 밀접한 관계가 있다고 주장하고 있다. 배움은 수단이고, 자신을 표현하는 것이 목적이다. 공부는 내가 나를 표현하기 위한 수단, 내가 행복한 삶을 누리기 위한 수단이다. 그러므로 교육은 학생이 원하는 것을 하는 것이 아니라 학생을 위하는 것이어야 한다.

『논어』에서 정리된 공문사과孔門四科, 즉 '덕행德行 · 언어言語 · 정사政事 · 문학文學'은 언어 구사 능력의 배양을 중시하며 공적 업무 처리 능력 보다 우선시하고 있다. 가장 주요한 원인은, 공자의 교육 목표가 군자君子의 인격과 능력을 성취하는 데 있기 때문이다. 여기서 이른바 '군자'라고 하는 것은 도덕적 의미뿐만 아니라 군자의 전통적인 의미, 즉 백성과 국가를 다스릴 수 있는 능력을 갖춘 위정자를 이르는 말이다. 우수한 공적 업무관리 인재를 양성하는 것이 공문孔門의 교육 목표라면 왜 공적관리 능력이 아닌 언어 능력을 먼저 강조하였는가? 『예기 · 애공문哀公問』편에 따르면 노魯나라 애공哀公이 공자에게 자신을 공경敬身하는 이치에 대해 질문하였는데 공자는 다음과 같이 대답하고 있다.

애공이 말하기를,
'감히 묻겠습니다. 무엇을 두고 자신을 공경한다고 말합니까?' 공자가 대답하였다.
'군자가 말을 지나치게 하더라도 백성들은 그것을 말에 대한 규범으로 삼고, 행동을 지나치게 하더라도 백성들은 그것을 행동에 대한 규범으로 삼습니다. 따라서 군자가 말에 있어서 규범을 벗어나지 않게 하고 행동에 있어서 규범을 벗어나지 않게 한다면, 백성들은 따로 명령을 내리지 않더라도 저절로 공경하게 될 것이니, 이처럼 한다면 자신에 대해서 공경할 수 있습니다. 자신에 대해 공경할 수 있다면 부모의 명성을 이룰 수 있습니다.'

公曰:「敢問何謂敬身?」孔子對曰:「君子過言則民作辭, 過動則民作則. 君子言不過辭, 動不過則. 百姓不命而敬恭, 如是則能敬其身. 能敬其身, 則能成其親矣.

위정자의 품행은 단순한 사사로운 습관이 아니라, 백성을 감화시키는 힘을 지닌 공적인 영향력이다. 그 언행 하나하나는 백성들에게 본보기가 되며, 때로는 사회 전반에 예기치 못한 파장을 일으키기도 한다. 그러므로 군자의 언행은 반드시 신중해야 하며, 이는 단지 예의禮義의 문제를 넘어 공동체 전체의 정서와 윤리를 이끄는 핵심이 된다. 군자가 말을 절제하고 품위 있게 표현할 때, 그는 단지 백성의 존경을 받는 것을 넘어서 백성들의 삶을 바르게 이끌어갈 수 있는 도덕적 구심점이 된다. 고전에 이르기를, "군자는 말을 아끼고, 소인은 말을 앞세운다(君子約言 , 小人先言)"고 한 까닭이 여기에 있다.

물론 국정을 운영하고 공공의 사무를 다루는 능력은 단기간에 갖추어지기 어려우며, 이는 오랜 경험과 시행착오를 통해 서서히 숙련되는 영역이다. 그러나 언어는 다르다. 그것은 일상의 반복 속에서 형성된 습관이며, 때로는 무의식중에 발화되기에 더욱 경계가 필요하다. 언어는 때로 사소한 듯 보이지만, 그것이 적시適時에 정확한 태도를 갖추지 못한다면, 나중에는 상상 이상의 위해危害를 초래할 수 있다.

시대가 바뀌면 정세도 달라지는 법이지만, 언어의 영향력은 결코 시대에 따라 퇴색되지 않는다. 오늘날 우리는 더 이상 세상의 모든 문제를 개혁해야 할 사명감을 짊어질 필요는 없을지도 모른다. 그러나 언어가 타인에게 미치는 무형의 힘을 결코 간과해서는 안 된다. 타인을 이해하고 사물을 인식하는 가장 직관적이며 신속한 통로는 다름 아닌 '말'이기 때문이다.

낯선 사람을 만날 때, 사람들은 외모를 치장할 뿐만 아니라 말투와 언어 태도를 통해 첫인상을 완성한다. 이때 중요한 것은 표현 그 자체만이 아니다.

타인의 마음으로 들어가는 문고리는 밖에 있는 것이 아니라, 언제나 안에 달려 있다. 그러므로 진정한 언어란, 상대의 처지와 감정을 헤아리는 능력 위에서 형성될 때 비로소 그 영향력을 발휘한다. 말은 단순한 전달 수단이 아니라, 말하는 이의 품격과 진실성을 담아내는

'그릇'인 것이다.

　언어가 넘쳐나는 시대, 우리는 다시 '어떻게 말할 것인가?'를 물어야 한다. 말의 윤리는 곧 마음의 윤리이며, 언어의 품격은 결국 그 사람의 인격을 비추는 거울이다. 정직하고 진실한 언어가 가장 탁월한 수사학修辭學이라는 명제는 오늘날에도 여전히 유효하다. 따라서 가식이 불가피한 삶 속에서, 진정한 자기를 비추는 유일한 도구는 결국 '말'이다. 말에는 늘 '온도'가 있다.

# 사람을 알아보는 지혜
## — 편견없는 성찰

**【원문】**

子曰:「衆惡之, 必察焉 ; 衆好之, 必察焉.」『論語·衛靈公』

**【국역】**

　공자가 말하였다.

　"여러 사람이 그를 미워하더라도 반드시 잘 살펴볼 것이며, 여러 사람이 그를 좋아하더라도 반드시 잘 살펴보아야 한다."

**【유가의 가르침】**

　공자는 사람을 평가할 때, 단순히 특정 개인이나 다수의 호불호好不好에 근거하여 판단해서는 안 된다고 강조한다. 그는 타인의 말에 무조건 동조하기보다는, 자신의 독립적인 판단과 객관적인 관찰을 통해 균형 있게 평가할 것을 요구한다. 이를테면 어떤 사람이 대중의 미움을 받고 있다 하더라도, 먼저 그를 비판하는 사람들이 어떠한 성향의 인물들인지 면밀히 살펴야 한다. 반대로 모두가 그를 칭송한다고 하여 무조건 좋은 사람으로 여겨서는 안 된다. 그를 찬양하는 자들이 어떤 사람들인지를 함께 고려함으로써, 그 사람의 참모습을 가늠해야 한다는 것이다.

공자는 자신의 판단 기준을 타인의 여론이나, 이슬 같은 명성에 두지 않았다. 그는 대중의 목소리를 존중하면서도, 동시에 맹신하지 않고, 끝까지 자기 성찰과 실천적 관찰을 통해 판단의 준거를 세우는 태도를 견지하였다. 이것이야말로 도덕적 자기 확신과 열린 판단의 균형을 이루는 태도라 할 수 있다.

그렇다면, 선량한 사람이 극악무도한 자들로부터 진심 어린 지지를 받을 수 있을까? 세력을 앞세워 약자를 업신여기며 사리사욕에 찌든 자들이 칭송하는 인물이 있다면, 그 사람을 신뢰할 수 있을까? 선악은 본디 정반正反의 속성을 갖는다. 평가의 시선은 관점과 입장에 따라 달라지고, 도덕적 기준에 따라 달라진다. 공자는 이처럼 복잡한 현실을 살아가는 우리에게 다음과 같은 평가의 원칙을 제시한다.

「자로」편에서 제자 자공이 묻는다.

> 자공이 여쭈었다.
> "마을 사람들이 모두 그 사람을 좋아하면 어떠합니까?"
> 공자가 말하였다.
> "그것만으로는 안 된다."
> "그러면 온 마을 사람들이 모두 미워하면 어떠합니까?"
> 공자가 말하였다.
> "그것도 안 된다. 마을 사람 중에 선善한 자가 좋아하고, 선하

지 못한 자가 미워함만 못하다."

子貢問曰 :「鄕人皆好之, 何如?」子曰 :「未可也.」「鄕人皆惡之, 何如?」子曰 :「未可也. 不如鄕人之善者好之, 其不善者惡之.」

또한 「이인里仁」편에서 공자는 다음과 같이 말하고 있다.

공자가 말하였다.
"오직 어진 자만이 사람을 좋아할 수 있고, 남을 미워할 수 있는 것이다."

子曰 :「唯仁者能好人, 能惡人.」

공자가 생각하는 진정한 좋은 사람은 위엄을 갖춘 완전무결한 사람이 아니다. 선과 악, 좋고 나쁨을 막론하고 누구나 좋아하는 사람을 말하는 것도 아니다. 선한 사람이 좋아하고 악한 사람이 싫어하는 사람이어야 한다고 여겼다.

「자로」편과 비교하면 공자는 「위령공」편에서 특히 '반드시 살펴야 한다必察焉'를 강조하였다. 즉, 모두가 싫어하거나 좋아하는 사람이라 하더라도 그 사람을 그대로 평가하거나, 타인의 의견에 따라 맹목적으로 평가해서는 안 되며 반드시 재차 자신이 면밀히 관찰하여 평가해야 함을 강조하였다.

이상의 대화를 통해 공자가 제시한 '사람을 알아보는 법知人'은 오늘날에도 깊은 교훈을 주는 판단의 윤리로 작용한다. 학교나 직장, 그리고 일상 속 사회생활에서는 특정 인물에 대한 평판이나 여론이 자연스럽게 형성되고, 때로는 그 평판이 평가의 결정적 기준으로 작용하곤 한다. 그러나 이러한 대중의 일방적인 호불호는 과연 그 사람의 선악善惡을 판단하는 신뢰할 만한 근거가 될 수 있는가?

우리는 종종 전혀 알지 못하는 사람에 대해, 그에 대한 대중의 선호, 혹은 혐오에 기대어 인식을 형성한다. 하지만 대중이 호의적으로 평가하는 인물이라 할지라도, 실제로는 고결한 인격을 가장한 위선자일 수 있으며, 반대로 대중의 비방을 받는 인물이 도리어 절개와 정직을 지닌 사람일 수도 있다. 미소 속에 칼을 숨긴 자가 있을 수 있고, 쓴소리를 내는 이가 진실을 말하는 경우도 있다. 그런 점에서 공자가 강조한 것은 단순한 호감도에 따른 감정적 평가가 아니라, 보다 면밀하고 균형 잡힌 판단이었다.

현대 심리학에서도 이와 유사한 현상을 '후광 효과(Halo Effect)'라는 개념으로 설명한다. 이는 한 개인의 두드러진 인상이나 특성이 그 외의 다른 속성에 대한 평가까지 영향을 미치게 되는 인지적 편향이다. 마치 우리가 하늘에 뜬 달을 볼 때 실제 달의 크기가 아닌 훈광暈光에 의해 확대된 형상을 보듯이, 사람에 대한 평가도 선입견에 의해 과장되거나 왜곡될 수 있다는 것이다.

예컨대 직장에서 상사가 특정 직원의 한 가지 강점에만 주목하여 전반적인 평가를 높게 내리는 경우, 혹은 반대로 단점 하나로 인해 모든 업무 수행 능력을 낮게 평가하는 경우는 비일비재하다. 이는 조직 운영뿐 아니라 인간관계 전반에 걸쳐 깊은 영향을 끼치는 문제다. 한 사람이 '좋은 사람'으로 이미지가 고정되면 그의 모든 말과 행동은 긍정적으로 해석되고, 반대로 '나쁜 사람'이라는 이미지가 씌워지면 사소한 말이나 행동조차 부정적으로 받아들여지는 것이다.

이러한 점에서 공자의 『논어·위령공衛靈公』편에서 보이는 통찰은 중요하다. 공자는 "많은 이들이 어떤 사람을 싫어하더라도 반드시 그 이유를 세심하게 살펴야 하며, 마찬가지로 많은 이들이 어떤 사람을 좋아하더라도 그 근거를 반드시 따져야 한다"고 말했다. 이는 여론 자체를 무시하라는 것이 아니라, 여론에 함몰되지 않은 자기 성찰적 판단을 지적하는 말이다.

이와 유사한 통찰은 『관자』에서도 확인된다.

> 어리석은 군주는 신하의 공로를 자세히 살피지도 않고서 뭇사람들이 칭찬하는 사람이면 상을 주고, 그 죄과를 자세히 살피지도 않고 뭇사람들이 비방하는 사람이면 벌을 내린다. 이처럼 한다면 사악한 신하가 공이 없어도 상을 받게 되고, 충성스러운 신하가 죄없어도 벌을 받게 된다.

> 亂主不察臣之功勞, 譽衆者則賞之, 不審其罪過, 毀衆者則罰之. 如此者, 則邪臣無功而得賞, 忠臣無罪而有罰. 『管子·明法解』

우리가 진정으로 사람을 평가하고 판단하려 한다면, 선입견과 대중의 목소리에 앞서 무엇보다 자기 내면의 기준과 관찰을 먼저 세워야 한다. 대중이 칭송하는 자가 반드시 선한 자는 아니며, 대중이 비난하는 자가 반드시 악한 자도 아니다. 진실은 언제나 단순한 여론 너머에 있으며, 평가는 단호함과 유연함을 함께 갖춘 신중한 분별로부터 비롯되어야 한다.

지도자에게뿐만 아니라, 우리 모두에게 요구되는 것은 누군가를 칭송하거나 배척하기에 앞서 반드시 '그 이유는 무엇인가?'라는 자문自問을 거치는 성찰적 태도일 것이다. 이러한 물음은 단순한 판단 이전에, 우리 내면의 기준과 시선을 가다듬는 과정이며, 그로써 우리는 진정 누구에게 마음을 기울여야 할지, 또 누구에 대해 경계와 거리두기를 유지해야 할지를 보다 분명히 인식하게 된다. 공자가 말한 '지인知人'의 지혜란 단순히 타인을 꿰뚫어 보는 통찰의 기술이 아니다. 그것은 오히려 자신의 시야와 판단을 끊임없이 성찰하고 정화해 나가는 윤리적 실천의 길이며, 품격 있는 삶을 위한 내면의 수양 과정과 다름없다.

# 길 위의 공자
— 난세와 길 찾기

**【원문】**

長沮·桀溺耦而耕, 孔子過之, 使子路問津焉. 長沮曰:「夫執輿者為誰?」子路曰:「為孔丘.」曰:「是魯孔丘與?」曰:「是也.」曰:「是知津矣.」問於桀溺, 桀溺曰:「子為誰?」曰:「為仲由.」曰:「是魯孔丘之徒與?」對曰:「然.」曰:「滔滔者天下皆是也, 而誰以易之? 且而與其從辟人之士也, 豈若從辟世之士哉?」耰而不輟. 子路行以告. 夫子憮然曰:「鳥獸不可與同群, 吾非斯人之徒與而誰與? 天下有道, 丘不與易也.」『論語·微子』

**【국역】**

장저長沮와 걸닉桀溺[1]이 함께 밭을 갈고 있었다. 공자가 그들 곁을 지나다가 자로子路를 시켜 나루터가 어디인지를 물어보게 하였다. 그

---

1) 장저(長沮), 걸닉(桀溺): 두 은자(隱者) 이름이다. 그러나 은자가 스스로 이름을 밝히지 않았을 것이라 여겨 沮·溺은 강물에 의지해 사는 사람이라는 뜻으로도 본다.

러자 장저가 이렇게 되물었다. "저기 고삐를 잡고 있는 이가 누구요?" 자로가 대답하였다. "공구孔丘라는 분입니다." 장저가 다시 물었다. "노魯나라 공구입니까?" "그렇습니다." 이에 장저가 다시 말하였다. "그렇다면 나루터가 어디인지 알 텐데." 자로는 다시 걸닉에게 물었다. 걸닉이 이렇게 되물었다. "그대는 누구시오?" "중유仲由라고 합니다." 걸닉이 다시 물었다. "노나라 공구를 따르는 무리인가?" "그렇습니다." 그러자 걸닉이 이렇게 말하였다. "도도한 물결에 온 세상이 다 휩쓸려 있는데 누구와 함께 이를 바꾼다 말인가? 게다가 그대는 사람을 피하는 선비를 따르기보다는 차라리 세상을 피하는 선비를 따르는 것만 같겠는가?" 그리고는 다시 흙 덮는 일을 그치지 않고 계속하였다. 자로가 공자에게 가서 이를 아뢰니 선생님(공자)은 안타까워하며 이렇게 말하였다. "비록 새와 짐승과는 함께 무리를 이루어 살 수 없다 해도, 내가 이 세상 사람들과 함께하지 않는다면 그 누구와 함께 할 수 있겠는가? 그러나 천하에 도가 있다면 나丘는 함께 세상을 바꾸겠다고 나서지는 않았을 것이다.

**【유가의 가르침】**

아마 혹자는 중국 고대 사회가 정체되고 일원화된 정적인 사회라고 여길지도 모른다. 오늘날과 같은 다원화 사회도 아니고, 격렬한 이념의 충돌이나 도전적 가치들이 출몰하던 시대는 아니었으리라 추측할 수 있다. 그러나 그 판단의 정당성은 별도로 논하더라도, 적어도 초楚나라에서 채蔡나라로 향하던 여정에서 길을 잃었던 공자와 그 일행은 그러한 인식에 결코 동의하지 않았을 것이다.

이른바 '난세亂世'라 불리는 시대는 단지 정치적 혼란이나 제도의 해체만을 의미하지 않는다. 그것은 동시에 다양한 관점과 가치가 충돌하며, 정해진 길 없이 헤매는 정신적 혼돈의 풍경을 가리킨다. "사람마다 희망은 있으나, 누구도 스스로를 확신하지 못하는 시대." 그것이 바로 공자가 길을 잃었던 그 순간과 닮아 있다. 실제로 길을 묻는 장면이 단순한 일화인지 은유인지 분명하지 않으나, 그 장면은 사람들의 눈에는 자못 풍자적으로 비쳤을 것이다. 천하의 도를 운운하던 공자가, 정작 자기가 갈 길조차 잃어버렸으니 말이다.

그러나 이 일화의 핵심은, 공자를 둘러싼 외부의 인식이나 조롱이 아니다. 중요한 것은 공자가 시대의 다양하고 상반된 질문들 앞에 어떻게 응전했는가, 그리고 그 응전의 태도가 오늘을 사는 우리에게 무엇을 시사하는가에 있다. 왜냐하면, 공자가 맞닥뜨린 혼란은 다름 아닌 우리가 매일 경험하는 현실이기 때문이다.

공자 역시 인간이었다. 자신의 뜻이 세상에서 받아들여지지 않을 때 실의에 빠지는 것은 그도 예외가 아니었다. 그러나 공자가 범속한 이들과 다른 점은, 바로 이러한 절망의 순간에 나타난다. 우리는 흔히 부정적인 평가나 반대 의견 앞에서 감정적으로 반응하기 쉽다. 타인의 이견을 '이상한 것', '틀린 것'으로 치부하고, 자기 의견에 대한 비판을 '인신공격'처럼 받아들이는 것이 흔한 반응이다. 하지만 공자의 대응은 달랐다.

그는 자신의 원칙을 분명히 하되, 타인의 견해를 불필요하게 폄하하지 않았다. 그의 태도는 다음과 같은 물음으로 요약될 수 있다.

"그는 왜 저런 말을 하는가?", "나와의 차이는 무엇인가?", "혹시 그가 옳고 내가 그를 오해한 것은 아닐까?" 이는 하나의 겸허한 인식론이며, 모든 관점을 완전히 틀리거나 완전히 옳은 것으로 재단하지 않으려는 윤리적 태도이기도 하다. 결국, 우리의 삶은 '시비是非'의 문제보다도 '선택'의 문제로 가득 차 있으니 말이다.

공자의 태도는 여기서 멈추지 않는다. 그는 제자들과 함께 늦봄의 기수沂水에서 목욕하고, 무우舞雩에서 바람을 맞으며 노래하고 싶은 소박한 꿈을 품었다. 『논어·선진』편에서 증점曾點의 이상을 들으며, 공자 또한 잠시 고요하고 평화로운 유유자적의 삶을 그리워했던 것이다.2) 그러나 그는 곧 자신에게 묻는다. "나는 지금, 하고 싶은 일을

---

2) 자로(子路)·증석(曾晳)·염유(冉有)·공서화(公西華)가 공자를 모시고 앉았었는데, 공자(孔子)께서 말씀하셨다. "내 나이가 너희들보다 다소 많다 하여 나 때문에 말하기를 어려워하지 말아라. 너희들이 평소에 말하기를 '나를 알아주지 않는다.' 하는데, 만일 혹시라도 너희들을 알아준다면 어찌하겠느냐?"……, "점(點)아, 너는 어떠하냐?" 증점이 슬(瑟)을 드문드문 타다가 덩그렁 하고 슬을 놓고 일어나 대답하였다. "세 사람의 뜻과는 다릅니다." 공자께서 말씀하셨다. "무엇이 나쁘겠는가? 각기 자신의 뜻을 말한 것이다." 그러자 증점이 말하였다. "늦봄에 봄옷을 만들어 입고 관(冠)을 쓴 어른 5, 6명과 동자(童子) 6, 7명과 함께 기수(沂水)에서 목욕하고 무우(舞雩)에서 바람 쐬고서 노래하며 돌아오겠습니다." 공자께서 '아!' 하고 감탄하시며 말씀하셨다. "나는 점과 같이 하겠다." (子路·曾晳·冉有·公西華侍坐. 子曰:「以吾一日長乎爾, 毋吾以也. 居則曰:『不吾知也!』如或知爾, 則何以哉?」……,「點! 爾何如?」鼓瑟希, 鏗爾, 舍瑟而作. 對曰:「異乎三子者之撰.」子曰:「何傷乎? 亦各言其志也.」曰:「莫春者, 春服既成. 冠者五六人, 童子六七人, 浴乎沂, 風乎舞雩, 詠而歸.」夫子喟然歎曰:「吾與點也!」『論語·先進』)

해야 하는가, 아니면 해야 할 일을 해야 하는가?"

그의 선택은 명확했다. "군자는 자신이 하고 싶은 일을 하지 않고, 마땅히 해야 할 일을 한다." 이 간단한 문장이 바로, 모든 난세에 요구되는 윤리적 결단이자 실천의 철학이다. 그래서 성현들은 말한다.

의義란,
마땅히 행해야 할 것이다.
지혜로써 밝히고, 의연하게 나아가며,
이익에 유혹되지 않고,
위엄과 굴욕에 두려워하지 않으며,
행실을 독실하게 하고,
결과에 집착하지 않아야 한다.

이것이야말로 고금의 모든 난세가 요구해 온 태도이며, 공자가 온몸으로 보여준 윤리적 고집의 진면목이다. 공자의 '길 잃음'은 단순한 방황이나 실패가 아니었다. 그것은 오히려 길을 묻는 자만이 감행할 수 있는 용기였으며, '하고 싶은 것'이 아니라 '해야 할 것'을 향해 나아간 한 인간의 묵직한 결단이었다.

# 들을 줄 아는 리더, 시대를 이끄는 힘

**【원문】**

魯欲使樂正子爲政. 孟子曰:「吾聞之, 喜而不寐.」公孫丑曰:「樂正子强乎?」曰:「否.」「有知慮乎?」曰:「否.」「多聞識乎?」曰:「否.」「然則奚爲喜而不寐?」曰:「其爲人也好善.」「好善足乎?」曰:「好善優於天下, 而況魯國乎? 夫苟好善, 則四海之內, 皆將輕千里而來告之以善. 夫苟不好善, 則人將曰:『訑訑, 予旣已知之矣.』訑訑之聲音顏色, 距人於千里之外. 士止於千里之外, 則讒諂面諛之人至矣. 與讒諂面諛之人居, 國欲治, 可得乎?」『孟子·告子下』

**【국역】**

  노魯나라가 악정자樂正子[1]에게 정치를 맡기려 하자, 맹자가 이렇게 말하였다. "내 이 소식을 듣고, 기뻐서 잠도 이루지 못하였다." 공손추가 물었다. "악정자는 강합니까?" 맹자가 대답하였다. "아니다."

---

1) 이름은 극(克), 노(魯)나라 사람으로 맹자의 제자이다.

"그러면 지식과 사려가 깊습니까?" 맹자가 대답하였다. "아니다." "그러면 견문과 식견이 많습니까?" 맹자가 대답하였다. "아니다." "그렇다면 어찌하여 기뻐서 잠도 못 이루실 정도입니까?" 맹자가 대답하였다. "그 사람됨이 선을 좋아하기 때문이지." "선을 좋아하면 충분합니까?" 맹자는 이렇게 설명하였다. "선을 좋아하면 천하에 내놓아도 충분하거늘 하물며 노나라 정도에 있어서랴? 만약 진실로 선을 좋아하게 되면 사해지내四海之內가 모두 천리를 가볍다고 여겨 찾아와 선을 일러줄 것이나, 만약 진실로 선을 좋아하지 않는다면 사람들은 장차 『자만해 함을 내 이미 알고 있었다.』라 할 것이다. 그의 자만해하는 음성과 얼굴빛이 사람을 천리 밖에서 막게 된다. 그리하여 선비가 천 리밖에 발걸음을 멈춘다면, 아첨하고 면전에서 비위맞추는 사람들이 오게 될 것이다. 아첨하고 비위맞추는 사람들과 함께 거처하면서 나라가 다스려지기를 바란들 될 수 있겠는가?"

## 【유가의 가르침】

『맹자』는 말한다. 훌륭한 정치는 한 사람의 탁월함에서 비롯되지 않는다. 그것은 오히려 세상의 선한 이들을 끌어안고, 그들의 지혜를 아우를 수 있는 포용력에서 출발한다.

맹자는 악정자樂正子에 대해 흥미로운 평을 남긴다. 그는 특별히 탁월한 재능을 지닌 인물도 아니었고, 신중하고 치밀한 기획력을 갖춘 자도 아니었다. 식견이 넓거나, 다방면에 통달한 사람도 아니었다. 그럼에도 불구하고 맹자는 그를 두고 "위대한 통치자의 자질을 지닌 자"라고 평한다. 단 하나의 이유, 그는 '선한 말을 기꺼이 듣고 받아들일 줄 아는 자'였기 때문이다.

이는 단순한 인물평에 그치지 않는다. 맹자가 후대에 전하고자 했던 정치 철학의 정수가 바로 이 짧은 언술 속에 담겨 있다. 선을 듣고, 선을 따를 줄 아는 사람—그는 자연스레 선한 사람들과 교류하게 되며, 자신의 부족함을 채우고, 나아가 더 나은 결정을 내릴 수 있는 기반을 갖추게 된다.

결국 '들을 줄 아는 태도'는 단순한 인격적 덕목이 아니라, 인재를 이끄는 능력이자, 정치를 가능하게 하는 윤리적 기반인 것이다.

이것은 비단 한 사람의 통치에 국한된 교훈이 아니다. 개인의 삶에서든, 국가의 통치에서든, 혹은 조직의 운영에 있어서든 가장 경계해야 할 것은 자만과 독선이다. 비판을 듣지 않는 귀는 진실의 언어를 잃고, 그 곁에는 점차 아첨하는 소인배만이 남게 되며, 정직한 충언은 하나둘 자취를 감추게 된다.

그러한 사람은 더 이상 나아갈 수 없다. 자기 자신을 비춰볼 성찰의 거울도, 나아갈 방향을 밝혀줄 등불도 사라지기 때문이다. 이러한 구조는 시간이 흐를수록 불가피하게 조직을 병들게 하며, 결국에는 국가조차도 쇠락의 길로 접어들게 만든다.

역사 속 위대한 통치자들은 결코 혼자만의 능력으로 군주가 된 것이 아니다. 그들은 사람의 말을 듣고, 사람을 쓸 줄 아는 덕을 가졌기에 '위대한 리더'로 평가받을 수 있었던 것이다. 당나라 태종에게는 위징魏徵[2]이 있었고, 청나라 건륭제에게는 기효람紀曉嵐[3]이 있었다.

이들 모두 본래 유능한 인물들이었으나, 그보다 더욱 돋보였던 점은 자기 한계를 분명히 인식하고, 타인의 말을 경청하며, 그것을 통치에 능동적으로 반영할 줄 알았던 지혜였다. 이러한 맥락에서 본다면, 더욱이 능력이 부족한 사람일수록 오히려 타인의 장점을 기꺼이 인정하고, 자신의 부족함을 스스로 성찰할 수 있는 태도가 절실하지 않겠는가?

이 통찰은 결코 고전 속에만 머무는 낡은 격언이 아니다. 오늘날 우리는 선거를 통해 지도자를 선택하며, 그 선택의 기준은 과거와는 달리 더욱 다층적이고 복합적인 양상을 띠고 있다. 유권자들은 단순

---

2) 위징(魏徵, 580~643) : 당나라의 정치가. 자는 현성(玄成). 위소(魏釗)의 손자이자, 위완(魏琬)의 아들이다. 일찍이 수(隋)나라의 위공(魏公) 이밀(李密)을 따라 수나라에 반기를 들었다. 당(唐) 고조(高祖) 무덕(武德) 원년(618년)에 당나라에 귀순했다. 정관(貞觀) 원년(627년)에 간의대부(諫議大夫)·비서감(秘書監) 등을 지냈고, 고적(古籍)을 정리하고《수서(隋書)》의 편찬 작업에도 참여했다. 후에 시중(侍中)·태자태사(太子太師)에 임명되었고, 정국공(鄭國公)에 봉해졌다. 직언을 잘했고 왕도정치를 주창했다. 태종(太宗)을 보좌해 정관지치(貞觀之治)를 이룩했다. 정관 17년(643년)에 세상을 떠났다. 저작으로는《수서》를 비롯해《정관정요(貞觀政要)》·《군서치요(群書治要)》등이 있다.

3) 자 효람(曉嵐)·춘범(春帆). 호 석운(石雲). 시호 문달(文達). 직례(直隸 : 河北省) 헌현(獻縣) 출생. 1754년 진사에 급제하여 한림원 편수(編修)가 되었고, 1768년 한림원 시독학사(侍讀學士)가 되었다. 그러나 죄인이 되어 신장(新疆) 우루무치에 유배되었다가, 1771년 한림원 편수에 복직하였다. 1773년 건륭제의 칙명으로《사고전서(四庫全書)》편집 사업의 총찬수관(總纂修官)으로 10여 년간 종사하였다. 이때 많은 학자의 협력을 얻어《사고전서총목제요(總目提要)》200권을 집필하였다. 이 동안에 예부시랑(侍郞)·병부상서(尙書)를 역임하였고, 1805년 예부상서 협판대학사(協辦大學士)로 있다가 죽었다. 학풍은 형이상학적인 송학(宋學)을 배제하고, 실증적인 한학의 입장을 취하였다. 저서에《기문달공유집(紀文達公遺集)》(16권), 소설《열미초당필기(閱薇草堂筆記)》가 있다.

히 후보자의 경력이나 공약만을 보는 것이 아니라, 그가 누구와 함께 일하고, 어떠한 방식으로 소통하며, 참여와 결정을 조직하는지를 면밀히 살핀다.

  그 이유는 분명하다. 아무리 유능한 인물이라 할지라도, 타인의 말을 기꺼이 듣지 않거나, 함께할 인재들이 무능하거나, 의견의 교류가 단절된 폐쇄적인 구조에 갇혀 있다면, 진정으로 좋은 정치는 실현되기 어렵다는 사실을 우리는 이미 수많은 정치적 경험을 통해 체득하고 있기 때문이다.

  기업 경영의 영역에서도 이와 같은 원리는 다르지 않다. 최고경영자(CEO)가 모든 부문에 정통한 만능의 전문가일 필요는 없다. 오히려 진정한 리더십이란, 각 분야의 전문가들이 자율성과 창의성을 충분히 발휘할 수 있도록 신뢰하고, 기민하게 위임할 줄 아는 통찰과 결단에서 비롯된다. 맡길 줄 알고, 인정할 줄 알며, 필요한 말을 가감 없이 받아들일 줄 아는 자—그가 곧 사람을 품을 수 있는 지도자이며, 조직을 앞으로 이끌어갈 수 있는 리더라 할 수 있다.

  이 대목에서 한유韓愈의 잡설雜說 중 「마설馬說」의 한 단락이 떠오른다.

> 세상에 백락伯樂이 있어야 천리마가 있게 된다.
> 천리마는 항상 있지만 백락은 늘 있는 것은 아니다.
> 그러므로 비록 명마名馬가 있다고 할지라도, 단지 노예의 손에

의해서 모욕을 당하고,

마구간에서 다른 말과 나란히 죽을 뿐, 천리마로 불려지지 못한다.4)

아무리 탁월한 인재가 곁에 있다 하더라도, 그 가치를 알아보지 못하거나, 그 능력을 적재적소에 쓰지 못한다면, 그 조직과 사회는 결코 앞으로 나아갈 수 없다. 스스로 유능하다고 자처하면서도 타인의 말을 귀담아듣지 않고, 홀로 판단하여 독선에 빠지는 순간, 그 사람은 더 이상 참된 의미의 리더라 부를 수 없다.

중국의 속담은 말한다.

"세 명의 못난 갓바치가 한 사람의 제갈량보다 낫다."

三個臭皮匠, 勝過一個諸葛亮.

이 말은 단지 '수의 우위'를 의미하는 데 그치지 않는다. 여러 사람의 지혜는 종종 한 사람의 탁월한 지혜를 능가한다는 깊은 통찰이 그 안에 담겨 있다. 그 함의는 분명하다. 신성한 리더십이란 집단의 지혜에 귀 기울이는 경청의 태도, 그리고 서로 다른 관점과 경험을 유연하게 포용할 수 있는 마음에서 비롯된다는 것이다.

결국 참된 성장은 자기 내부에만 갇혀 있는 이에게는 결코 도달하

---

4) 世有伯樂, 然後有千里馬. 千里馬常有, 而伯樂不常有. 故雖有名馬, 只辱於奴隷人之手, 騈死於槽櫪之間, 不以千里稱也. 『韓愈-雜說 雜說四, 馬說』

지 않는다. 오히려 자신의 한계를 정직하게 인정하고, 그 빈자리를 타인의 장점으로 겸허히 채워갈 줄 아는 사람, 바로 그가 타인을 품을 수 있는 그릇을 지닌 자이며, 공동체와 시대를 이끌어갈 수 있는 진정한 지도자이다.

# 가벼운 군주, 무거운 백성
— 맹자의 위정爲政

**【원문】**

滕文公問爲國. 孟子曰:「民事不可緩也. 『詩』云:『晝爾于茅, 宵爾索綯, 亟其乘屋, 其始播百穀.』民之爲道也, 有恆產者有恆心, 無恆產者無恆心, 苟無恆心, 放辟邪侈, 無不爲已. 及陷乎罪, 然後從而刑之, 是罔民也. 焉有仁人在位, 罔民而可爲也? 是故賢君必恭儉禮下, 取於民有制. 陽虎曰:『爲富, 不仁矣. 爲仁, 不富矣.』夏后氏五十而貢; 殷人七十而助; 周人百畝而徹, 其實皆什一也. 徹者, 徹也. 助者, 藉也. 龍子曰:『治地莫善於助, 莫不善於貢. 貢者, 校數歲之中以爲常; 樂歲粒米狼戾, 多取之而不爲虐, 則寡取之, 凶年, 糞其田而不足, 則必取盈焉. 爲民父母, 使民盻盻然, 將終歲勤動, 不得以養其父母, 又稱貸而益之, 使老稚轉乎溝壑, 惡在其爲民父母也?』夫世祿, 滕固行之矣. 『詩』云:『雨我公田, 遂及我私.』惟助爲有公田. 由此觀之, 雖周亦助也. 設爲庠序學校以敎之: 庠者, 養也; 校者, 敎也; 序者, 射也. 夏曰校, 殷曰序, 周曰庠, 學則三代共之,皆所以明人倫也. 人倫明於上, 小民親於下. 有王者起, 必來取法, 是為王者師也.『詩』云:『周雖舊邦, 其命維新.』文王之謂也. 子力行之, 亦以新子之國.』『孟子·滕文公上』

**【국역】**

등滕나라 문공文公이 나라를 다스리는 법을 묻자 맹자가 말하였다: "백성들의 일(생업)은 늦추어질 수 없습니다.『시』에 : '낮이면 띠풀을 베러 가고, 저녁이면 새끼를 꼬네. 어서 빨리 지붕 잇세. 그래야 비로소 이듬해 씨뿌리지.'라 하였습니다. 백성이 도를 행함에 항산恒産이 있는 자는 항심恒心이 있고, 항산이 없는 자는 항심도 없습니다. 진실로 항심이 없으면, 방탕하고 편벽되고 사악하며 사치스러움을 하지 않음이 없습니다. 〈그들을 이렇게〉 죄에 빠지게 해 놓고 그런 후에 이를 좇아 그들에게 형벌을 내린다면 이는 백성들에게 그물질 하는 것입니다. 어찌 어진 사람이 지위에 있으면서 백성들에게 그물질을 할 수 있겠습니까? 그렇기에 현명한 군주는 반드시 공경하고 검소하며 아랫사람들을 예禮로 대하고, 백성들로부터 취하는 것도 제한이 있습니다. 양호陽虎는 '부유하게 되고자 하면 인仁을 행할 수 없고, 인을 행하려니 부자가 될 수 없다.'라고 하였습니다.

하후씨夏后氏 때는 50무畝를 단위로 공법貢法을 썼고, 은殷나라 때는 70무에 조법助法을 썼으며, 주周나라는 100무에 철법徹法을 썼습니다. 〈그러나〉 실제로는 모두 10분의 1을 거두는 세법입니다. 철徹은 철(徹, 뚫다, 통하다)의 뜻이며, 조助는 자藉(빌리다)의 뜻입니다. 용자龍子는 '토지를 다스리는 법은 조법보다 나은 것이 없고, 공법보다 나쁜 것이 없다. 공법은 몇 년의 수확을 비교해 일정하게 〈기준으로〉 삼은 것이다. 풍년에는 곡식알이 낭려狼戾하여 많이 취하여도 포학함이 아니건만 도리어 적게 거두고, 흉년에는 그 농지에 거름을 주기에도 부족한데 반드시 〈정한대로〉 채우려 한다. 백성의 부모가 되어 백성들로 하여금 눈을 흘기게 하며, 장차 일 년 내내 부지런히 일하는데도 그 부모를 봉양할 수도 없게 하며, 게다가 빚을 내어 세금을 보태게 한다. 〈그러므로〉 늙고 어린 자들을 구렁에 나뒹굴게 하니 백성의 부모 됨이 어디 있겠는가?'라고 하였습니다. 무릇 세록世祿은 등나라도 성실히 실행하고 있기는 합니다. 『시』에 : '우리 공전公田에 비를 내려주시고, 이어 우리 사전私田에도 미쳐오네.'라 하였으니 오로지 조법에만 공전이 있었던 것입니다. 이로 말미암아 보건데 주나라 역시 조법을 썼습니다. 〈그리고〉 상·서·학·교를 세워 가르쳤습니다. 상庠은 양養의 뜻이며 교校는 교教의 뜻이며 서序는 사射의 뜻입니다. 하나라 때는 교校라 하였고 은나라 때는 서序라 하였으며 주나라 때는 상庠이라 하였습니다. 학學은 삼대가 이름을 함께 하였습니다. 모두 인륜을 밝히기 위한 것이었습니다. 인륜이 위에서 밝혀지면 소민들은 아래에서 친하게 됩니다. 왕자王者가 있어 일어나면 반드시 〈이 방법을〉 취하러 올 것이니 〈이렇게 되면 당신은〉 왕자의 스승이 됩니다. 『시』에 : '주나라가 비록 오래된 나라이지만, 그 명만은 새롭도다.'하였는데, 이는 문왕 때를 두고 한 말입니다. 당신께서 힘써 행하신다면, 당신의 나라를 새롭게 할 수 있습니다."

**【유가의 가르침】**

 『맹자』에 나타난 위정爲政의 이상은 단지 통치의 기술을 넘어, 백성을 향한 근본적 사랑과 신뢰에서 비롯된 깊은 사유의 결실이다. 특히「등문공」상편에 보이는 이 기록은 학교 설립과 예의禮義 중시, 민생 안정, 국경의 정비, 정전제井田制의 균형 있는 실시, 조세 제도의 합리화 등, 국가 경영의 근본을 포괄적으로 담아낸 내용이다. 맹자는 백성을 교화하기에 앞서 우선 그들이 선善을 향한 의지를 품도록 하며, 동시에 의식주의 생계가 안정되어야 교화가 가능하다고 보았다.

 고대 민란의 주요 원인은 기근饑饉이었으며, 그 배경에는 천재지변뿐 아니라 위정자의 무능과 민생에 대한 무관심이 자리하고 있었다. 생계 기반이 무너진 백성들은 결국 삶의 벼랑 끝에 몰려 민란을 일으켰고, 이는 곧 사회 전반의 불안으로 이어졌다. 따라서 백성들이 안정적으로 생업에 종사할 수 있도록 하려면, 위정자는 반드시 민의民意의 입장에서 정책을 고안하고, 그들의 기초적인 생활 욕구를 만족시켜야 한다. 그래야만 백성은 안심하고 삶을 이어갈 수 있다.

 등滕나라 문공이 맹자에게 위정의 도道에 대해 묻자, 맹자는 통치의 전제를 오직 백성의 관점에서 설명하였다. 그는 백성들로 하여금 선善을 향한 의지를 품게 하고, 그 의지를 지속적으로 함양하도록 하여야 비로소 그들이 방종이나 무례無禮, 그리고 패악한 범죄로부터 멀어질 수 있다고 보았다. 범죄를 저지르기 이전에 교화를 통해 미연에 방지하는 것이 위정의 본령本領이지, 미리 법망을 두텁게 설치하여 백성을 옭아매는 것은 오히려 백성을 억압하는 일이라는 것이다.

맹자는 또한 통치자가 공경과 검소를 갖추지 않고, 가혹한 조세와 착취苛斂誅求를 일삼을 경우, 이는 폭군의 행태와 다름없다고 경고한다. 그는 군주는 반드시 절제된 세금 정책을 시행해야 하며, 단순한 생존을 넘어서 백성의 삶의 질을 높이기 위한 교육 제도를 도입하여, 그들을 인륜의 대도大道로 이끌어야 한다고 강조하였다.

『맹자·진심하盡心下』에는 이러한 맹자의 위정론을 압축적으로 보여주는 다음과 같은 구절이 있다.

> 맹자가 말하였다. : "백성이 귀한 것이며 사직은 그다음이고, 군주는 가벼운 존재이다. 이런 까닭으로 구민丘民(농사짓는 하찮은 백성)으로부터 〈신임을〉 얻으면 천자가 되고, 천자로부터 〈신임을〉 얻으면 제후가 되며, 제후로부터 〈신임을〉 얻으면 대부가 된다. 제후가 사직을 위험하게 하면 바꾸어 세운다. 그리고 희생이 이미 갖추어지고 자성粢盛도 이미 깨끗하며, 제사도 때맞추어 올리는데도 가뭄과 홍수가 난다면, 그 사직을 바꾸어 설치한다."

> 孟子曰:「民爲貴, 社稷次之, 君爲輕. 是故, 得乎丘民而爲天子, 得乎天子爲諸侯, 得乎諸侯爲大夫. 諸侯危社稷, 則變置. 犧牲旣成, 粢盛旣潔, 祭祀以時, 然而旱乾水溢, 則變置社稷.」

맹자의 논지는 분명하다. 군주와 사직은 모두 백성을 위한 것이며,

백성이 없으면 군주도, 사직도 그 존재 근거를 상실한다. 따라서 위정자는 백성을 하늘처럼 섬기고, 백성의 고통을 자신의 고통으로 여길 수 있어야 하며, 그렇지 못할 경우 통치의 정당성을 상실하게 된다. 그러나 후대의 많은 군주들은 맹자의 이 말을 도리어 반역적 언사로 간주하였다. 명말 청초의 사상가 황종희黃宗羲[1]는 「원군原君」에서 이를 날카롭게 비판하였다. 후대 군왕들은 군주를 천하의 주인으로, 백성을 단지 손님이나 피지배 계층으로 간주하였고, 천하를 일종의 가산家産으로 여겨 자손에게 대대로 세습하려 하였다. 그 결과 인심人心의 소중함을 망각한 채, 백성을 도구화하고 그들의 고통을 외면하기에 이르렀다. 그러나 백성은 물과 같아서 배를 띄우기도 하지만, 그 배를 뒤집을 수도 있다는 오래된 경구는 여전히 유효하다. 따라서 현명한 군주는 민심의 흐름을 읽고, 항상 백성의 고통을 먼저 살피며 위정의 방향을 정해야 한다.

---

1) 황종희(黃宗羲, 1610년~1695년)는 중국 명말 청초의 학자이자 사상가이다. 절강성(浙江省) 여요현(餘姚縣) 출신이며, 자는 태충(太沖), 호는 남뢰(南雷)·이주(梨州)이다. 중국 정치 체제의 전제적 성격을 비판하는 글을 썼다. 20세기 초 중국 개혁가들 사이에서 그의 작품에 대한 연구가 활발히 이루어졌다. 명대의 유명한 동림당 학자의 아들로 청조에서 관직에 오르기를 거부했다. 화남지방에서 명나라의 마지막 저항자들과 함께 청조에 대항했으나 명의 패망 이후 낙향하여 학문에 몰두했다. 역사가로서 유명했고 절동사학파의 창시자가 되었다. 절동사학파는 역사 연구에서 개인적·도의적인 기준이 아닌 객관적 기준을 도입하고자 한 학파였다. 그의 첫 번째 주요 작품인 「명이대방록」(1662)은 중국사에 나타난 전제정치를 비판한 것이었다. 그는 황제의 권력을 분권화시키기 위해 고대에 있었던 재상직을 다시 부활시킬 것을 주장했고, 조정, 교육, 과거, 군사, 조세제도의 개혁도 주장했다. 「명유학안」(1676)은 최초의 체계적 중국 철학사로 평가된다.

맹자의 위정관은 단순한 고대의 이상론이 아니다. 그것은 오늘날에도 여전히 유효한 정치 윤리의 대원칙이다. 현대 사회의 많은 국가는 민주주의를 표방하지만, 진정으로 국민을 나라의 주인으로 섬기고 있는지는 늘 점검되어야 할 문제이다. 황종희黃宗羲에 따르면 하상주夏商周시대 군주들이 백성보다 수십 배 더 고된 삶을 살았기 때문에, 정치에 나아가는 것이 영예가 아니라 고통스러운 책임으로 여겨 허유許由[2], 무광務光[3] 같은 사람들은 정치에 참여하는 것을 원하지 않았다. 그러나 오늘날 공직을 두고 경쟁하는 사람들은 진정한 봉사의 사명을 갖고 있는가?

선거철이 되면 수많은 경선자들이 국민을 섬기겠노라 다짐하지만, 당선 이후에는 그 초심을 잃고 오직 자신의 권력과 이익에 몰두하는 이들이 적지 않다. 위정자는 자신이 공복公僕이라는 사실을 결코 잊어서는 안 되며, 유권자의 신뢰를 바탕으로 위임받은 권한은 오직 공공을 위한 봉사에 사용되어야 한다.

맹자는 또한 제사祭祀를 통해 사직의 신에게 국가의 평안을 기원하는 고대의 풍습을 예로 들며, 제사의 형식이 아무리 완벽하더라도, 재앙이 계속된다면 사직의 신조차도 바꾸어야 한다고 말한다. 이는 단지 종교의 문제가 아니다. 정치를 맡은 자가 백성들의 고통을 방관한다면,

---

[2] 허유(許由) : 요순(堯舜)시대의 현인(賢人)으로 양성(陽城) 괴리(槐里) 출신이다. 자는 무중(武仲), 패택(沛澤) 중에 숨어 살았다. 요임금이 천하를 물려주려고 하는 것을 거절하고 기산(箕山)에 숨었고, 또 구주(九州)의 장으로 삼으려고 한다는 소식을 듣고 귀를 영수(潁水)의 해안에서 씻었다고 한다.
[3] 무광(務光) : 은(殷)의 탕왕이 만년에 왕위를 물려주려고 하자 돌을 업고 강물로 들어가 버렸다는 仙人이다.

그 자리에 머무를 정당성도 함께 상실된다는 상징적 선언이다.

오늘날 정치인이 진정한 위정자로 남고자 한다면, 무엇보다 먼저 해야 할 일은 국민의 기본적인 삶을 안정시키는 것이다. 국민이 인간다운 삶을 영위할 수 있을 때야 비로소 사회의 질서와 공공의 도의道義도 함께 바로 설 수 있다.

삶이 무너지고 존엄이 짓밟히는 상황에서 아무리 거창한 교화敎化를 외쳐도, 그것은 허공에 울리는 메아리에 지나지 않는다.

정치란, 국민이 원하는 것을 그대로 따라가는 것이 아니라, 국민을 위하는 방향을 끝까지 놓치지 않는 일이다. 위정자는 언제나 국민이 무엇에 기뻐하고, 무엇에 슬퍼하는지를 살피며, 그 마음을 세심하게 조율할 줄 알아야 한다.

그러한 배려와 통찰이 정치의 방향타가 되고, 그 위에서 수립된 정책이야말로 진정한 '시정施政'의 좌표가 된다.

이것이 곧 맹자가 말한 위정의 도道이며, 시대를 초월한 정치의 본질이자—민심 위에 선 인정仁政의 불변하는 윤리적 기준이다.

# 이익을 좇은 정벌, 민심을 잃은 실패
— 맹자가 밝힌 통치의 근본

【원문】

沈同以其私問曰:「燕可伐與?」孟子曰:「可. 子噲不得與人燕, 子之不得受燕於子噲. 有仕於此, 而子悅之, 不告於王而私與之吾子之祿爵; 夫士也, 亦無王命而私受之於子, 則可乎? 何以異於是?」齊人伐燕. 或問曰:「勸齊伐燕, 有諸?」曰:「未也. 沈同問『燕可伐與』? 吾應之曰『可』, 彼然而伐之也. 彼如曰『孰可以伐之』? 則將應之曰:『為天吏, 則可以伐之.』今有殺人者, 或問之曰『人可殺與』? 則將應之曰『可』. 彼如曰『孰可以殺之』? 則將應之曰:『為士師, 則可以殺之.』今以燕伐燕, 何為勸之哉?」『孟子·公孫丑下』

【국역】

　제齊나라 신하 심동沈同[1]이 사적私的인 자격으로 물었다. "연燕나라를 정벌征伐해도 괜찮겠습니까?" 맹자가 대답하였다. "괜찮습니다.

---

1) 심동(沈同) : 제(齊)나라 대신.

자쾌(子噲)2)도 남에게 연나라를 다른 사람에게 주어서는 안 되며, 자지 子之도 연나라를 자쾌에게 받아서는 안 됩니다. 〈예를 들어〉 여기에 벼슬할 만한 사람이 있다고 할 때, 그대가 그를 좋아해서 왕에게 아뢰지도 않고 사사로이 그에게 당신의 작록爵祿을 주고, 그 사람 또한 왕명王命 없이 사사로이 그대에게서 작록을 받는다면 괜찮습니까? 이 일과 무엇이 다르겠습니까?"

제나라 사람이 연나라를 정벌하자, 어떤 자가 물었다. "제나라에게 권유해서 연나라를 치게 하셨다는데, 그런 일이 있습니까?" 맹자가 대답하였다. "아니오. 심동이 '연나라를 정벌해도 됩니까?' 하고 묻기에 내가 대답하기를 '괜찮다.'고 하였더니, 그가 내 말을 옳게 여겨 정벌한 것이오. 그 사람이 만일 '누가 정벌할 자격이 있습니까?' 하고 물었더라면, '하늘의 명을 받은 자라면 정벌할 수 있습니다.'라고 대답하였을 것이오. 지금 여기에 살인자가 있다고 할 때, 어떤 사람이 나에게 '그 살인자를 죽여도 됩니까?' 하고 물으면, 나는 곧 '된다.'고 대답할 것입니다. 그 사람이 만약 '누가 죽일 수 있습니까?' 하고 물으면, 나는 '옥사獄事를 다스리는 사사士師라면 죽일 자격이 있다.'라고 대답할 것입니다. 그런데 지금은 연나라로써 연나라를 정벌하는[以燕伐燕] 격이니, 내 무슨 까닭으로 정벌하라고 권했겠습니까?"

---

2) 자쾌(子噲) : 연(燕)나라 군주. 요순(堯舜)을 흉내 내어 나라를 자지(子之)에 물려주었다가 나라를 혼란에 빠뜨린 우군(愚君)

**【유가의 가르침】**

『맹자』의 기록 속에서, 제齊나라가 연燕나라를 정벌한 사건을 둘러싼 맹자의 논변은 언뜻 보기에 다소 모순적으로 보인다. 처음 심동沈同이 "제나라가 연나라를 정벌해도 되는가?"를 묻자, 맹자는 "그럴 수 있다."고 대답한다.

그러나 이어지는 대화에서, 그는 다시 제나라의 태도를 단호히 비판한다. 과연 맹자는 어떤 관점에서 이 두 태도를 동시에 취할 수 있었던 것일까?

이 문제를 제대로 이해하기 위해서는 『맹자』 전체에 흩어진 관련 기록들을 종합적으로 읽어야 한다.

「양혜왕하梁惠王下」 제10·11장에서는, 제나라가 연나라를 정벌한 상황과, 그에 대한 맹자의 조언이 전개된다. 「공손추하公孫丑下」 제9장에서는, 그 이후 연나라 백성들의 반란과 제나라의 혼란까지 연결되어 그려진다.

정리하면, 맹자의 입장은 일관되었다. 연나라는 내부로부터 도덕적 붕괴를 겪었고, 따라서 외부의 정벌을 피할 수 없는 상황이었다. 그러나 정벌의 정당성은 단순히 상대의 부패에 있는 것이 아니라, 정벌하는 쪽 역시 올바른 목적과 방법을 갖추어야 한다는 데 있었다.

제나라 선왕宣王은 연나라를 점령한 후, 다시 맹자에게 묻는다.

"이 땅을 차지해도 괜찮겠는가?"

맹자의 대답은 분명했다.

"연나라 백성이 기뻐한다면 차지하라. 그렇지 않다면, 그 땅을 버려야 한다."

핵심은 민심이었다. 무력으로 영토를 점령할 수는 있어도, 백성의 마음을 얻지 못하면 그 통치는 오래가지 못하는 것이다.

맹자는 처음부터 끝까지 이 원칙을 흔들림 없이 강조했다. 그러나 제나라 선왕은 맹자의 경고를 무시했다. 그는 백성의 뜻을 헤아리지 않고, 탐욕과 권력욕에 휘둘려 연나라를 가혹하게 통치했다. 결국 2년 만에 연나라 백성들은 반란을 일으켜 태자 평平을 옹립하여 새 왕으로 삼았다.

이 사건은 분명한 사실 하나를 드러낸다. 즉, 제나라 선왕은 맹자의 충고를 따르지 않았으며, 연나라를 정복한 뒤에도 인덕仁德으로 다스리지 않았다는 것이다. 선왕宣王은 탐욕과 힘으로 땅을 취했으되, 민심을 얻는 데는 철저히 실패했다. 연나라 백성들의 반란은 단순한 영토 분쟁이 아니라, 폭정과 민원民怨이 축적된 필연적 결과였다.

결국 민심을 등진 권력은, 어떠한 무력으로도 오래 지속될 수 없다는 사실을, 제나라 선왕의 실정失政에서 명료하게 증명하고 있다.

흥미로운 것은, 그 과정에서 제齊나라 선왕宣王이 사건이 발생할 때마다 맹자를 찾아갔다는 점이다. 그러나 이는 진심 어린 조언을 구하기 위해서가 아니었다. 그는 맹자의 권위를 빌려 자신의 행동에 정당성을 덧씌우고자 했을 뿐이었다. 맹자는 끝까지 일관된 입장에서 경계하고 권면했지만, 선왕은 듣고 싶은 말만 골라 듣고, 결국 듣지 말아야 했을 결말을 맞이했다.

맹자는 무엇을 말하고자 했는가?

그는 단지 한 나라의 흥망성쇠를 논한 것이 아니었다. 그는 정치란 '힘'이 아니라 '민심' 위에 서야 한다는 근본적인 진리를 설파했다. 맹자는 선언한다.

> 백성이 가장 소중하고, 국가의 기틀은 그 다음이며, 군주는 가장 가벼운 존재다.
>
> 民爲貴, 社稷次之, 君爲輕.

국가란 군주 개인의 것이 아니다. 국가는 백성 전체를 위한 공동체이며, 군주는 오로지 백성을 위해 존재해야 한다. 백성을 저버린 통치는 아무리 군사력이 강대하더라도 무너질 수밖에 없다. 민심을 잃은 권력은 모래성에 불과하다.

전국시대는 패권과 정복이 최우선의 가치였던 시대였다. 그 혼란과 탐욕의 와중에서도 맹자는 끝내 이상을 굽히지 않았다. 인정仁政은 시대착오적 공상이 아니었다. 민심을 얻지 못한 권력은 끝내 스스로를 붕괴시키고 만다는 것을 맹자는 통찰하고 있었던 것이다.

제나라 선왕의 실정失政은 단순한 한 군주의 개인적 과오過誤가 아니다. 그것은 민심을 가벼이 여긴 자의 필연적 파국을 상징한다. 그리고 맹자가 남긴 울림은 오늘을 사는 우리에게도 묻는다.

"힘으로 얻을 수는 있어도, 마음으로 얻지 못한 것은 결코 오래갈 수 없다."

오늘날에도, 민심을 경시하는 정치, 백성의 삶을 도외시하는 권력은 반드시 제 궤멸을 향해 나아가고 있지 않은가!
맹자는 과거를 넘어, 우리 모두에게 묻고 있다.

"당신은, 민심을 얻고 있는가?"

# 바람은 풀을 누이고, 덕은 사람을 감화 시킨다

— 맹자의 왕도王道

【원문】

孟子曰:「以力假仁者霸, 霸必有大國. 以德行仁者王, 王不待大. 湯以七十里, 文王以百里. 以力服人者, 非心服也, 力不贍也 ; 以德服人者, 中心悅而誠服也, 如七十子之服孔子也.『詩』云:『自西自東, 自南自北, 無思不服.』此之謂也.」『孟子·公孫丑上』

【국역】

　맹자가 말하였다. "힘으로 인仁을 가장하는 자는 패자霸者이니, 패자는 반드시 큰 나라가 있어야 가능하다. 덕德을 가지고 인을 행하는 자는 왕자王者이니, 왕자는 큰 나라를 필요로 하지 않는다. 탕왕湯王께서는 칠십 리의 나라를 가지고 왕업王業을 이루셨고, 문왕文王께서는 백 리의 나라를 가지고 왕업을 이루셨다. 힘을 가지고 남을 복종시킬 경우에는 상대방이 진심으로 복종하는 것이 아니라 힘이 모자라기 때문에 복종한다. 덕을 가지고 남을 복종시킬 경우에는 상대방이 진심으로 기뻐하여 진실로 복종하니, 칠십 제자가 공자에게 복종하는 것과 같은 것이다. 《시경》〈문왕유성文王有聲〉에 이르기를 '서쪽에서 동쪽에서 남쪽에서 북쪽에서 복종해 오지 않는 자가 없네.'라 하였으니 이를 말한 것이다."

**【유가의 가르침】**

유가儒家는 오래도록 정치의 본령을 '덕德으로 사람을 복종시킨다以德服人'라는 말로 위정자들에게 권고하고 있다. 유가가 말하는 위정자의 태도란, 강압과 무력으로 백성을 굴복시키는 것이 아니라, 인仁과 덕德으로 백성의 마음을 감화시키는 데 있다. 이와 같은 이상은 특히 『맹자·공손추상』편에서 명확하게 드러난다. 맹자는 이곳에서 '왕도王道'와 '패도霸道'의 차이를 선명하게 구분하며, 인仁을 덕德으로 실천하는 이를 '왕자王者'라 칭하고, 인을 가장한 채 힘으로 억제하는 자는 '패자霸者'라 하였다. 왕도와 패도의 본질을 판별하는 기준은 바로 그가 행하는 정치의 실질이 진정한 인덕仁德에 근거한 것인가, 혹은 허울뿐인 명분 아래 폭력과 위세로 군림하고 있는가에 달려 있다.

맹자 시대에도 인애仁愛의 명분을 내세워 제후들을 통합한 이들이 있었지만, 실상은 무력을 동원해 타국을 침략하고 정복한 경우가 적지 않았다. 이러한 방식은 유가가 말하는 왕도정치의 이상과는 분명히 어긋나는 것이었다. 공자 또한 일찍이 정치란 '정情으로 다스리는 것以情治國'이라는 이념을 제창하였다. 『논어·안연』편에서 노魯나라 대부 계강자季康子는 공자에게 이렇게 묻는다.

"만약 무도無道한 이를 죽여, 도道가 있는 쪽으로 유도한다면 어떻겠습니까?"
공자는 이렇게 대답하였다.
"그대는 정치를 함에 어찌 죽임의 방법을 쓴단 말입니까? 그대가 선하고자 하면 백성들이 선하게 될 것입니다. 군자의 덕이란 바람과 같고 소인의 덕이란 풀과 같아서, 그 바람이 풀 위에 불면 풀은 반드시 눕게 되어 있습니다."

季康子問政於孔子曰 :「如殺無道, 以就有道, 何如?」孔子對曰 :「子爲政, 焉用殺? 子 欲善, 而民善矣. 君子之德, 風, 小人之德, 草. 草上之風, 必偃.」『論語·顏淵』

이 대화는 정치란 강제나 처벌이 아닌 감화의 방식이어야 한다는 공자의 신념을 잘 보여준다. 즉 윗사람이 스스로 바르게 행동하면 백성들은 자연히 인덕에 감화되어 선善으로 귀착된다는 것을 시사하고 있다. 형벌과 살육은 나라를 다스리기에 부족하고, 힘으로 사람을 복종시키는 자도 영원히 안정될 수 없음을 알 수 있다.
이러한 유가의 치국 이념은 진나라 진시황의 사례를 통해 역설적으로 조명된다. 진나라는 형벌이 혹독하고 법률이 극도로 엄정한, 말 그대로 법치가 냉혹하게 집행되던 시대였다. 그러나 그러한 강압적 통치에도 불구하고 그 국운은 실로 짧았으며, 진의 몰락은 유가가 경계한 치국의 오류를 극명하게 보여준다. 가혹한 형벌과 준엄한 법률만으로 백성을 다스리려 한다면 일시적으로 패권을 잡을 수는 있을지언정, 나라를 장구한 태평성대로 이끌기는 어렵다. 이 때문에 공자는 '정으로 나라를 다스린다以情治國'는 원칙을 설파하였고, 맹자 역시 "덕으로 인을 행하는 자야말로 진정한 왕자이다以德行仁者王"라는 명제를 강조하였다.

역사적으로 거의 모든 왕조의 개국 군주들이 무력을 통해 패업霸業을 성취한 것은 사실이다. 그러나 건국 이후의 정치 운용은 전혀 다른 문제였다. 그들은 질서를 세우고 백성을 교화하기 위하여 법규法規와 조문條文을 제정하였고, 그보다 더욱 중요한 것은 유가가 제시한 왕도정치의 이상을 실천하고자 했다는 점이다. 각 왕조가 실제로 왕도정치를 얼마나 충실히 실현하였는가와는 별개로, 군주들이 너나없이 유가의 인덕仁德을 공인하고 정치의 정통으로 삼은 사실은 결코 우연이 아니다.

이는 유가가 단지 도덕적 이상만을 주장한 학파가 아니라, 완전한 전장제도典章制度를 갖춘 정치 이념의 실천자였음을 보여준다. 무엇보다 중요한 점은, 유가는 인정仁政을 실현해야만 민심을 얻을 수 있고, 덕德으로 다스릴 때 백성이 자발적으로 감화된다는 사실을 통치자들이 스스로 체득하고 있었다는 것이다. 무조건적인 형벌과 엄격한 법률은 사람을 위협할 수는 있지만, 근본적인 사회 문제를 해결하지는 못한다.

역사를 되돌아보면, 장구한 통치를 이룬 왕조들은 대개 유가의 덕치德治 사상을 적극적으로 수용하고 실천할 줄 알았다. 왜냐하면 이들은 유가가 강조한 왕도정치와, 존비尊卑·친소親疏의 질서를 세밀하게 담아낸 전장예제典章禮制야말로 한 나라를 장기적으로 유지하는 토대임을 깊이 인식하고 있었기 때문이다. 반대로 인정仁政을 실현할 줄 모르는 정치는 비록 형벌로 백성을 억제할 수는 있어도, 결국 민심의 이반을 초래하고 마침내 폭정에 대한 저항과 봉기를 불러일으키게 된다. 이는 동서고금을 막론하고 수많은 역사적 사례가 증명하는 바이다.

맹자는 이러한 역사적 고찰을 바탕으로, 패도霸道의 정치는 일정한 외적 조건을 필요로 한다고 보았다. 무력에 기반한 통치는 그 자체로 유지될 수 있는 것이 아니라, 막강한 재력과 국력이라는 외재적 자원이 반드시 뒷받침되어야 하며, 강대한 대국大國이라는 기반 위에서만 성립 가능하다는 것이다. 다시 말해, 패권은 외형적 세력의 크기에 따라 성립할 수 있지만, 그 지속은 불안정할 수밖에 없다는 판단이다.

반면, 인도仁道를 실천하는 위정자는 그 정당성과 지속 가능성을 외적 조건에 의존하지 않는다. 그는 오직 '덕으로써 인을 행하는 것以德行仁'만으로도 정치를 유지할 수 있으며, 정치의 안정성은 군주 개인의 인격과 도덕성에 달려 있다는 것이 맹자의 근본적 신념이다. 정치의 성패를 결정짓는 핵심은 군주의 무력이 아니라, 그가 품은 덕성과 그 덕이 백성의 마음에 얼마나 깊이 스며드는가에 있다.

나아가 맹자는 무력과 강제에 기반한 정치는 표면적 복종은 얻을 수 있을지언정, 진심에서 우러난 '따름'은 결코 얻을 수 없다고 단언

한다. 강제는 입을 다물게 할 수는 있어도 마음을 움직일 수는 없다. 이에 비해 덕德으로 감화하는 정치는 백성의 자발적 순응을 이끌어내며, 그 복종은 억지로 강요된 것이 아니라 기꺼이 따르고자 하는 내면의 의지에서 비롯된다. 진정한 왕업王業은 바로 이와 같은 '자발적 복종'을 이끌어낼 수 있을 때에만 비로소 성립될 수 있으며, 오랜 세월 동안 무너지지 않는 국가의 기틀 또한 이러한 정치로부터 시작된다.

이러한 맹자의 통찰은 전국시대戰國時代 격렬한 혼란과 무력 투쟁 속에서, 패권에만 몰두했던 군주들에게 던지는 통렬한 반성이자 경고였다. 맹자는 일찍이, 정치는 단순히 백성의 욕망을 충족시키는 것에 머물러서는 안 되며, 오히려 그들을 진심으로 위하고 이끌 줄 아는 도덕적 책임을 담아야 한다고 역설하였다. '무엇을 원하는가'보다 더 근원적인 물음은, '어떻게 그들을 위할 것인가'라는 질문이다. 유가의 왕도정치는 바로 그 '위함爲'의 사유思惟이다, 곧 백성을 위한 정치가 무엇인지에 대한 시대를 초월한 물음을 우리에게 던지고 있다.

"정치란 백성 위에 서는 것이 아니라, 백성을 위한 바람이 되는 것이다."

## 화 和  조화로우면 원수가 없다.

조화로운 마음은 대립을 녹여내고, 마침내 평화를 이룬다.
서로 다름을 받아들이는 순간, 세상은 더 넓어지고, 마음은 더 깊어진다.
조화란 단지 충돌을 피하는 처세가 아니라, 차이를 보듬는 너너한 품이다.
억센 바람도, 거친 물결도 그 앞에서는 조용히 고요를 배운다.
고요는 강해서가 아니라, 부드러워서 세상을 이긴다.
그러므로 화란 단순한 화합이 아니라, 함께 살아가는 세상을 지향하는 태도이자, 다름 속의 균형을 이루는 지혜이다.

# 배움과 생각의 조화
## —『중용』의 다섯 걸음

**【원문】**

子曰 :「學而不思則罔, 思而不學則殆.」『論語·爲政』

**【국역】**

　공자가 말하였다.
　"배우기만 하고 생각하지 않으면 혼미하여 얻는 것이 없고, 생각하기만 하고 배우지 않으면 위태로워 불안하다."

**【유가의 가르침】**

　'배움學'이란 무엇인가?
　고인들의 의식 속에 '학學'은 단지 지식을 축적하는 행위를 의미하지 않는다. 그것은 곧 자각이며 성찰이며, 무의식적 관습에 젖어 있던 행위와 사유를 의식적이고 통합적인 인간 완성의 길로 전환해 가는 과정이었다. 그러나 「위정」편에서 공자는 학습에 영향을 미치는 또 하나의 중요한 요소, '사思'를 제시하였다.

그렇다면 '사思'란 무엇인가?

오늘날 우리는 흔히 '사思'를 추상적 사고나 사상적 능력, 또는 논리적 사고력을 뜻하는 말로 이해하지만, 만일 공자의 관점을 이와 같은 현대적 틀에 단순히 대입한다면, 우리는 그 사유의 깊은 핵심에 도달할 수 없을 것이다. 고전을 해독할 때, 우리는 반드시 그 단어들이 갖고 있던 당시의 사유 맥락과 문화적 배경을 함께 살펴야 한다. 많은 단어들이 세월과 더불어 개념의 외연이 좁아지거나 변형되기 때문이다.

'사思'를 예를 들어 보자. 고대 문헌에서 '思'는 단지 생각하는 것을 넘어서 '깊다', '심오하다', '통하다'는 함의를 함께 지닌다. 이는 마치 강줄기를 깊이 파서 물이 막힘없이 흐르도록 만드는 행위에 비유된다. 즉, '사思'란 기존의 지식과 이해를 더욱 깊이 파고들며, 서로 다른 영역 간의 연결과 통찰을 가능하게 하는 내면의 통관通貫의 작업이다. 이 점에서 현대적인 분석적 사고思考나 이분법적 사변思辨 혹은 추상적인 개념을 의미하는 분석과는 분명히 구분된다.

따라서 공자가 말한 '학사병행學思並行'은 단순히 배우고 생각하는 병렬적 활동이 아니라, 배움이 생각을 통해 심화되고, 생각이 다시 배움을 성찰하게 하는 순환적 수양의 구조를 뜻한다. 그리하여 '지식이 곧 능력'이라고 믿는 현대의 통념 속에서, 진정한 지혜로 나아가기 위해 우리는 이 '학사學思의 순환'을 다시 복원해야 한다.

『중용』은 이와 같은 유가적 학문의 구조를 다음과 같이 요약한다.

배울 때는 널리 배우고博學,

부족한 것이 있으면 자세히 묻고審問,

생각은 신중히 하며愼思,

사리를 명확하게 분별하여明辨,

독실하게 행해야 한다篤行.[1]

이는 단순한 학습의 절차가 아니라, 자기 성찰을 바탕으로 내면을 조율하고 실천으로 나아가는 인간 수양의 길을 제시한 것이다.

먼저 '박학博學'은 넓고 깊게 배우는 것이다. 그러나 오늘날은 피상적이고 단편적인 지식에 치우친 '박학잡식薄學雜識'이 오히려 만연해 있다. 따라서 '박학博學'은 단순한 정보량의 확장이 아니라, 두터운 이해와 내면화된 앎을 의미한다. 지식은 밖에서 들어오고, 지혜는 안에서 생겨나는 법이다.

'심문審問'은 의문이 생겼을 때 예禮를 갖추어 깊이 묻고 탐구하는 태도를 가리킨다. 이는 단순한 질문이 아니라, 자기의 무지에 대한 겸손한 성찰이 전제된 배움의 자세다.

'신사愼思'는 신중한 사고를 말한다. 생각이 많다고 모두 좋은 것은 아니다. 노魯나라 대부 계문자季文子는 어떤 일을 하기 전에 항상 세 번 생각하였다. 공자는 이를 두고 '두 번만 생각해도 될 것이다.'라고

---

[1] 『중용』 20장, 博學之, 審問之, 愼思之, 明辨之, 篤行之.

하였다.[2] 사고가 지나치면 사사로운 욕심이 개입하고, 망상과 우유 부단이 뒤따르기 때문이다. 결국 사유의 핵심은 그 깊이보다, 방향성과 절제된 중심 감각에 있다.

'명변明辨'은 옳고 그름을 분명히 가리는 판단력을 뜻한다. 이는 감정적 판단이나 편견이 아니라, 도덕적 이성과 내면적 기준에 근거한 분별이다.

그리고 마지막으로 '독행篤行'은 실천이다. 지식과 사유는 반드시 삶 속에서 구체적인 실천으로 귀결되어야 한다. 그렇지 않으면 그것은 죽은 지식이며, 공허한 사유에 불과하다.

이 다섯 단계는 단절된 절차가 아니라 유기적인 순환 구조로 연결되어 있다. '學'의 과정[박학博學·심문審問]과 '思'의 과정[신사愼思·명변明辯]을 거쳐, 마침내 '行'[독행篤行]의 단계에 이른다. 그래서 북송 시대 정이程頤는 '이 다섯 가지 가운데 하나라도 폐기하면 학문하는 것이 아니다.'[3]라고 하였다.

결국 『논어』와 『중용』에서 말하는 '학사병행學思並行'은, 유가 전통에서 말하는 지식과 도덕, 앎과 삶, 인식과 실천이 어떻게 내면에서 하나로 통합되어야 하는가를 보여주는 가장 정제된 철학적 모델이라

---

2) 『논어·공야장』, 季文子三思而後行. 子聞之, 曰 : 「再, 斯可矣.」
3) 『중용』 20장, 주(註), 程子曰 : 「五者, 廢其一, 非學也.」

할 수 있다. 그리하여 우리는 '學'과 '思'의 통합을 통해, 단지 더 많이 아는 사람이 아니라, 더 깊이 성찰하고 올곧게 살아가는 사람으로 거듭날 수 있다.

# 절제된 슬픔, 조화로운 이별
— 애도의 예학

**【원문】**

曾子謂子思曰：「伋！吾執親之喪也, 水漿不入於口者七日.」子思曰：「先王之制禮也, 過之者俯而就之, 不至焉者, 跂而及之. 故君子之執親之喪也, 水漿不入於口者三日, 杖而后能起.」『禮記·檀弓上』

**【국역】**

　　증자가 자사[1]에게 이르기를 "급(伋)아! 나는 부모님의 상(喪)을 치르면서 〈지금 사람들과는 다르게〉 미음을 입에 넣지 않기를 7일 동안 하였다."라고 했다. 그러자 자사가 말하였다. "선왕이 예(禮)를 제정할 때는 지나친 자에 대해서는 굽혀서 나아가게 하고, 미치지 못하는 자에 대해서는 발돋움해서라도 쫓아오게 했습니다. 그렇기 때문에 군자(君子)가 부모의 상을 치를 때, 미음을 먹지 않는 기간은 3일로 하고, 그

---

1) 자사(子思) : 중국 전국시대 노(魯)나라의 유학자(B.C.483?~B.C.402?). 공자의 손자로, 이름은 급(伋). 증자의 제자이다. 성(誠)을 천지와 자연의 법칙으로 삼고 천인합일(天人合一)의 철학을 제창하였다. 저서에 『중용』이 있다.

이후에는 미음을 먹었기 때문에 지팡이를 잡고서 일어날 수 있었던 것입니다."라고 하였다.

## 【유가의 가르침】

 부모나 가까운 가족의 죽음에 직면했을 때, 우리는 종종 '자중자애自重自愛'하라는 말과 함께 '절애순변節哀順變'하라는 권유를 듣곤 한다. 이는 산 자를 향한 염려와 위로의 정을 담은 말로, 깊은 애도의 감정 속에서도 삶의 균형을 잃지 말기를 바라는 마음의 표현이다.
 '자중자애'란 말은 스스로를 소중히 여기고 자신의 몸을 아끼라는 뜻으로, 부모나 가족의 상실로 인한 과도한 애통 속에서 자신의 몸과 마음까지 해치지 않기를 바라는 권고의 언어이다. 슬픔이 지나쳐 건강조차 상할 정도가 되어서는 안 되며, 이는 부모를 잃은 자식으로서 오히려 부모의 뜻에도 어긋나는 일일 것이다.
 '절애순변節哀順變'하라는 말은 『예기禮記·단궁하檀弓下』에 나오는 말로써, 상례喪禮는 슬픔이 중심이 되는 의례이지만, 그 슬픔을 절제하도록 했던 것은 단지 감정을 억누르기 위함이 아니라, 상례의 제도 속에서 감정이 지나치지 않도록 조절하며, 앞으로 닥칠 상례의 절차와 변화를 따르게 하는 유가적 배려에서 비롯된 것이다.
 이 말들의 깊은 뜻은 지나친 애통으로 인해 건강을 해치거나 생명에 위협이 가해지는 지경에 이르지 않도록 하고자 하는 데 있다. 부모의 죽음을 맞이한 자식은, 슬픔 속에서도 스스로를 잘 돌보며, 부모의 뜻을 헤아리는 경건한 마음가짐으로 살아가야 하기 때문이다.

『예기』에 나타난 '절애순변節哀順變'의 정신은 단지 죽음이라는 현실을 수용하라는 소극적 권유를 넘어, 상례喪禮의 절차와 시간적 구조를 통해 애도의 정서를 점차 순화하고, 심신의 안정을 회복함으로써 일상의 질서를 복원하는 데에 그 본뜻이 있다. 곧 '순변順變'이란, 슬픔을 억제하거나 인위적으로 차단하는 것이 아니라, 감정의 흐름을 존중하면서도 그것이 지나치게 넘치지 않도록 조율하여 삶의 조화를 회복하게 하는 윤리적 작용인 것이다.

이러한 맥락에서 본다면, '절애節哀'는 예禮의 절제 기능을, '순변順變'은 조절 기능을 상징한다 할 수 있다. 이처럼 예란 인간의 정情을 억압하는 도구가 아니라, 그 감정을 근본으로 하되 이를 질서 있게 이끌어내는 섬세한 윤리 체계이다. 이는 곧 예의 제정과 실천이 단순한 규범적 강제가 아니라, 인간성에 대한 깊은 이해와 존중에서 비롯된 것임을 명확히 보여준다.

예禮가 인간적 감정을 억압하거나 억제하는 형식에 불과하지 않다는 사실은, 『예기』에 수록된 증자曾子와 자사子思의 문답—이른바 '칠일불식七日不食'과 '삼일불식三日不食'에 관한 논의—을 통해 더욱 선명히 드러난다. 이 두 사람의 차이는 단지 단식 기간의 장단長短에 있는 것이 아니라, 인간의 정서에 대한 이해와 예의 실천 가능성을 어떻게 조율하느냐에 그 본질이 있다.

보통 사람의 정情으로 보았을 때, 7일간 전혀 음식에 손을 대지 않는다는 것은 단순한 슬픔의 표현을 넘어 생명 그 자체를 위협하는 극단적 행위가 된다. 만일 이러한 예법이 제도화되어 후세에까지 강제된다면, 그것은 예의 정신을 계승하는 데 오히려 장애가 될 수도 있다. '부모를 위하는 마음으로 시작한 일이 내 건강을 해치는 결과로 이어진다면', 혹은 '그 고통을 떠올리기조차 싫다'는 부정적 정서가 되려 효孝의 의미를 훼손할 수 있기 때문이다.

이처럼, 예는 결코 고정된 형식이 아니라, 인간의 감정과 신체적 한계를 고려한 조율의 산물이며, 정情과 이理의 균형 속에서 실천되어야 할 삶의 원리임을 자사와 증자의 문답은 시사하고 있다.

증자는 "나는 미음조차 입에 대지 않은 채 칠일을 보냈다"고 자랑스럽게 회고하며, 이를 진정한 예禮의 실천이라 여겼다. 그러나 자사는 이에 대해, 고대의 성왕聖王이 제정한 예법은 단지 이상을 구현하기 위한 것이 아니라, 후세 사람들 또한 감당할 수 있도록 조율된 것이며, 실천 가능성을 염두에 둔 제도였음을 강조한다. 그래서 그는 "지혜로운 자는 스스로 굽혀 나아가고, 어리석은 자는 발돋움해서라도 예를 따라야 한다"고 말하며, 단식의 기간을 삼일로 규정한 것 역시 병든 자 또한 예를 실천할 수 있도록 배려한 '조율의 지혜'임을 역설하였다. 이는 곧, 증자가 자긍심 속에 언급한 '지나친 예'를 자사가 절제와 균형의 중도中道 속에서 다시 정립한 사례라 할 수 있다.

이처럼 고인古人들이 말한 예禮는 단지 외형적 형식이나 경직된 규율이 아니었다. 그것은 인간의 정서와 실천 능력, 상황적 여건까지를 아우르는 섬세하고 유연한 윤리적 구조물이었다. 그들은 정情의 무게를 결코 외면하지 않았고, 형식을 통해 감정을 억압하기보다는 감정을 온전히 품되, 해치지 않고 조화롭게 조절하는 방법을 예를 통해 모색하고자 하였다.

그러므로 오늘날 우리가 고전의 예학을 다시 마주할 때, 그것을 단순히 형식의 강요로 오해해서는 안 된다. 오히려 예는 인간을 가장 인간답게 만들어주는 내면의 질서이자, 감정을 배제하는 것이 아니라 감정을 가장 정중하게 다루는 방식이며, 삶의 슬픔과 애도를 품위 있게 이끄는 도덕적 형식이다. 고대의 성현들은 바로 이러한 점에서, 예란 인간다움의 본질을 지켜내는 가장 깊은 방식이라고 말하고 있었던 것이다.

# 누구와 함께 할 것인가?
## — 택우擇友의 지혜

**【원문】**

子曰:「不得中行而與之, 必也狂狷乎! 狂者進取, 狷者有所不爲也.」『論語·子路』

**【국역】**

공자가 말하였다. "〈언행이〉 중도中道에 맞는 사람을 얻어서 교유交遊할 수 없다면 반드시 광자狂者나 견자狷者와 교유하겠다. 광자는 진취적이고, 견자는 하지 않는 바가 있다."

**【유가의 가르침】**

공자는 말과 행동이 모두 중용中庸에 부합하는 인물과 교유하는 것이 가장 이상적이라고 하였다. 그러나 만일 그러한 친구를 얻지 못할 경우에는, 차선으로라도 광자狂者나 견자狷者와의 교유를 택하라고 권고하였다.

광자는 뜻이 크고 기상이 호방하여 거침없이 진취적이며, 옳다고 믿는 일이라면 두려움 없이 실행에 옮기는 자들이다. 그러나 이들은 나아갈 줄만 알고 물러설 줄 몰라, 이상은 원대하나 그 이상을 온전히 구현하지 못하는 경우가 많다. 반면, 견자는 소신이 확고하여, 자신이 옳지 않다고 여기는 일에는 결코 타협하지 않는 자이다. 다만 이들은 때로는 나아가야 할 시점에도 물러나는 경향이 있어, 실천력에는 다소 아쉬움이 따른다. 지혜는 부족할 수 있을지언정 신념을 굽히지 않으려는 그들의 자세는, 중용의 도에는 미치지 못하더라도 그 자체로 일정한 가치가 있다.

물론, 언행이 모두 중용中庸에 부합하는 사람과 교유하는 것이 가장 이상적이지만, 그러한 벗을 얻지 못한다면, 거침없이 진취적인 사람이나, 확고한 원칙을 지니고 부당한 일에는 결코 타협하지 않는 사람과의 교유가 더 바람직할 수 있다. 광자는 선善을 향해 힘껏 나아가는 성정을 지닌 자이며, 견자는 자신의 신념을 지키기 위해 외부의 유혹이나 부당한 요청에 단호히 맞서는 태도를 견지하는 자이다. 이들은 비록 완전한 중도中道를 실현하지는 못하였으나, 각기 자신의 성정性情을 한결같이 지켜낸다는 점에서 공통된 덕목을 지니고 있다.

공자가 이처럼 광자와 견자의 교유를 권장한 이유는, 당대 사회에 진퇴進退의 기준이 명확하지 않은 이들이 많았기 때문이다. 시세에 따라 쉽게 흔들리고, 고정된 원칙 없이 상황에 따라 자신의 입장을 바꾸는 이들과는 달리, 광자와 견자는 각자의 확고한 성정을 지닌 인물들이었다. 열정적이고 추진력 있는 사람은 대개 미래를 향해 도전적으로 나아가려는 기질을 지니고 있으며, 절조 있는 사람은 어떤 상황에서도 부당함을 용납하지 않으려는 도덕적 기준을 견지하고 있다. 이러한 성향은 중용의 도를 완전히 실현하지는 못했을지라도, 현실적 상황에서 차선次善의 교유 대상으로 충분한 가치를 지닌다고 공자는 판단한 것이다.

이 대목에 대해 가장 먼저 해석을 시도한 인물은 맹자孟子였다. 그는 『맹자·진심하盡心下』편에서 공자의 가르침을 인용하며 다음과 같이 설명한다.

> 맹자가 말하였다. "공자께서는 '중용中庸의 도道를 행하는 사람을 만나서 함께할 수 없다면 반드시 광자狂者와 견자獧者=狷者를 택하겠다. 광자는 진취적이고, 견자는 하지 않는 것이 있다.' 하셨으니, 공자께서 어찌 중도中道를 행하는 사람을 원하지 않으셨겠는가마는, 반드시 얻을 수는 없기 때문에 그다음의 인물을 생각하신 것이다." 만장이 말하였다. "감히 여쭙겠습니다. 어떠하여야 '광狂'이라 이를 수 있습니까?" "금장琴張·증석曾晳·목피牧皮와 같은 자가 공자의 이른바 '광狂'이라는 자이다." "어찌하여 '광'이라 일컫습니까?" "그 뜻이 높고 커서 말만 했다 하면 '옛사람이여, 옛사람이여!' 하나, 평소에 그들의 행실을 살펴보면 행실이 말한 바를 다 실천하지 못하기 때문이다. 광자를 또 얻지 못하면, 청렴하지 않은 것을 좋게 여기지 않는 선비를 얻어서 함께 하고자 하셨으니, 이것이 '견獧=狷'이니, 또한 그다음인 것이다."

> 孟子曰：「孔子『不得中道而與之, 必也狂獧乎! 狂者進取,

獧者有所不爲也」.「孔子豈不欲中道哉? 不可必得, 故思其次也.」,「敢問何如斯可謂狂矣?」曰:「如琴張·曾晳·牧皮者, 孔子之所謂狂矣.」「何以謂之狂也?」曰:「其志嘐嘐然, 曰:『古之人, 古之人』. 夷考其行而不掩焉者也. 狂者又不可得, 欲得不屑不潔之士而與之, 是獧也, 是又其次也.」『孟子·盡心下』

광자는 진취적이며 도전적인 기질을 지닌 인물이다. 그는 자신의 신념에 따라 거침없이 앞으로 나아가며, 옳다고 여기는 일이라면 어떠한 장애물 앞에서도 실행을 주저하지 않는다. 반면, 견자는 선과 악, 옳고 그름을 분명히 구별할 줄 아는 인물로서, 비록 외면의 명예나 세속의 이익 앞에서도 결코 타협하지 않으려는 도덕적 절제를 실천한다.

이 두 부류의 사람들은 각기 한계를 지니고 있음에도 불구하고, 현실 속에서 우리가 실제로 만나고 교유할 수 있는 의미 있는 인물상이다. 이상적인 교우는 중용中庸의 덕을 온전히 실천하는 자이겠지만, 그러한 벗을 현실에서 만나기란 결코 쉽지 않다. 그런 점에서 진취적 태도를 지닌 사람 혹은 원칙을 지키는 인물과의 교류는, 충분히 가치 있는 선택이 될 수 있다.

인생에서 만나는 친구는 그 사람의 세계관, 가치관, 심지어 삶의 궤적에까지 영향을 미친다. 특히 정신적, 신체적으로 한창 형성기에 있는 청소년의 교우관계는 그 영향력이 더욱 직접적이며 깊다. 이

시기의 청소년들은 아직 도덕적 기준이 확립되지 않았고, 자아에 대한 인식 또한 유동적이기 때문에, 주변 친구들의 언행은 그들의 판단과 행동에 결정적인 영향을 미친다.

또래 집단의 인정과 평가를 지나치게 중시하는 경향 속에서, 청소년들은 때때로 무분별한 행동에 휩쓸리기도 한다. 이른바 '또래 집단 효과'는 강한 사회적 압력으로 작용하며, 이는 자아 정체성이 안정되지 않은 청소년에게 더욱 뚜렷한 영향을 미친다. 그렇기에 단순히 외부의 유혹이나 잘못된 행동을 막는 것을 넘어, 어떤 친구를 사귀어야 하며 교우관계가 왜 중요한지를 가르치는 것은 오늘날 교육이 반드시 감당해야 할 책임이다.

'유유상종類類相從'이라는 고전적 표현이 시사하듯, 좋은 친구는 서로에게 긍정적 자극이 되며 함께 성숙해 나갈 수 있지만, 잘못된 친구는 한 사람의 인생을 크게 그르치기도 한다. 세상에는 다양한 성향과 배경을 가진 인물들이 존재하고, 친구의 유형 또한 제각기 다르다. 무조건적인 지지와 동조만을 일삼는 이는 진정한 친구가 될 수 없으며, 반대로 끊임없이 부정과 반대를 일삼는 이 또한 온전한 교우라 할 수 없다.

인생의 여정에서 우리는 수많은 인연을 만나고, 각기 다른 유형의 사람들과 관계를 맺게 된다. 이때 중요한 것은, 그 친구로부터 무엇을 배우고 어떤 영향을 받을 수 있는지를 살펴보는 통찰력이다. 좋은 친구란 서로의 삶을 풍요롭게 만들며 긍정적 변화를 이끌어낼 수 있는 존재이다. 결국, 어떤 사람과 교류하느냐에 따라 한 사람의 삶이 형성되고, 나아가 미래의 방향까지도 달라질 수 있다는 사실을 우리는 결코 간과해서는 안 된다.

말과 행동이 모두 중용中庸의 도에 부합하는 사람과 교유하는 것이 가장 이상적이다. 그러나 현실 속에서 그러한 인물을 만나기란 결코 쉬운 일이 아니다. 그렇다면 우리는 어떤 이들과 어울려야 할 것인가? 이에 대해 공자는 중용의 덕을 완전히 갖춘 벗을 얻지 못할 경우, 최소한 열정적인 기질을 지닌 사람이나, 고고하고 절조 있는 성품의 사람과 교류하라고 권하였다.

그 이유는 분명하다. 열정적인 이는 도전과 진취의 정신을 바탕으로 끊임없이 앞으로 나아가며, 고고한 이는 비록 겉으로는 고집스러워 보일지라도, 불의와 타협하지 않는 곧은 태도를 지닌다. 이들은 비록 완전한 중도의 경지에는 미치지 못하더라도, 각기 다른 방식으로 자기 신념을 지켜내며 살아간다는 점에서 귀감이 되기에 충분하다. 공자는 바로 이 지점에서, 그들의 편벽된 면보다 그 성정性情의 진실성과 일관됨을 높이 평가했던 것이다.

이처럼 이로운 사람과의 교유는 우리의 삶에 깊은 의미와 방향성을 부여한다. 반드시 모든 것을 공유하고 동고동락하는 관계일 필요는 없다. 인연이 얕을지라도, 그 사람에게서 배울 점이 있다면 우리는 그를 통해 성장할 수 있다. 진취적인 인물에게서는 도전 정신과 실천의 용기를, 고결한 인물에게서는 분별력과 절제의 미덕을 배울 수 있는 것이다.

그러므로 우리는 교우에 있어 언제나 신중함을 견지해야 한다. 단지 취향이 맞고, 함께 시간을 보내기 편하다는 이유만으로 관계를 지속해서는 안 된다. 중요한 것은 그 사람과의 관계가 내 삶에 어떤 영향을 미치는가이며, 더 나아가 내가 그에게 어떤 영향을 미치고 있는가를 함께 성찰하는 것이다. 진정한 우정이란 단순한 취향의 공유가 아니라, 삶의 방향을 함께 가늠하고 윤리적 성장을 동반하는 여정이어야 한다.

이상적인 인간관계란, 스스로가 중용의 덕을 실천함으로써 타인에게 선한 영향을 미치는 본보기가 되는 것이다. 그러나 아직 그런 경지에 이르지 못하였다면, 우리는 스스로에게 물어야 한다. "내가 함께하는 사람들은 과연 진취적인 성향을 지녔는가? 부당한 일에는 결코 타협하지 않는 절조를 지녔는가?" 이 질문에 대한 답은 곧 우리가 누구와 함께해야 할지를 결정짓는 윤리적 기준이 된다.

'누구와 함께 할 것인가?'란 단지 친구를 선택하는 문제가 아니라, 어떤 사람과 함께 삶을 나눌 것인가를 깊이 숙고하는 지혜로운 태도이다. 즉, 교우란 삶의 이익이나 감정의 편안함을 넘어, 내적 성숙과 도덕적 교화의 과정이어야 한다. 좋은 친구란 우리 삶에 긍정적 영향을 끼치며, 고난의 순간에도 함께 견디고 성장할 수 있는 존재이다. 그러므로 친구를 선택할 때는 단지 외면적 호감이나 일시적 이익에 매이지 않고, 그 사람의 인품과 가치관, 삶을 대하는 태도를 면밀히 살펴야 한다.

공자는 『논어』에서 "덕이 있는 자는 외롭지 않으며, 반드시 이웃이 있다.1)"고 하였다. 이는 덕을 갖춘 자는 결코 세상에서 홀로 외롭게 남지 않는다는 뜻이다. 도덕적 중심을 지닌 이에게는 자연히 같은 뜻을 지닌 사람들이 모여들게 마련이며, 이는 마치 올곧은 길을 걷는 이가 결코 길을 잃지 않는 이치와도 같다.

결국, 좋은 친구를 선택하는 일은 곧 자신의 인격을 가꾸는 일이며, 이는 인생의 성패를 가늠짓는 결정적인 요소가 된다. 우리가 누구와 함께하느냐에 따라 삶의 질이 결정되며, 그 방향 또한 달라질 수 있기 때문이다. 그러므로 공자는 교우관계의 중요성을 거듭 강조하며, 벗의 유형에 대해 다음과 같이 밝히고 있다.

공자가 말하였다.
"유익한 벗이 세 가지이며, 해로운 벗이 세 가지니, 정직한 사람을 벗하며, 성실한 사람을 벗하며, 견문이 많은 사람을 벗하면 유익하고, 남이 꺼리는 바를 교묘히 피하여 잘 보이기를 구하는(便辟) 사람을 벗하며, 얼굴빛을 꾸며 남을 유혹하는(善柔) 사람을 벗하며, 아첨하는 말을 잘하는(便佞) 사람을 벗하면 유해有害하다."2)

---

1) 『論語·里仁』:「德不孤, 必有鄰.」
2) 孔子曰 : "益者三友, 損者三友. 友直, 友諒, 友多聞, 益矣. 友便辟, 友善柔, 友便佞, 損矣." 『論語·季氏』.

# 슬픔의 형식
— 상실을 견디는 틀, 예禮

【원문】

子夏喪其子而喪其明. 曾子吊之曰:「吾聞之也:朋友喪明則哭之.」曾子哭, 子夏亦哭, 曰:「天乎! 予之無罪也.」曾子怒曰:「商, 女何無罪也? 吾與女事夫子於洙泗之間, 退而老於西河之上, 使西河之民, 疑女於夫子, 爾罪一也; 喪爾親, 使民未有聞焉, 爾罪二也; 喪爾子, 喪爾明, 爾罪三也. 而曰女何無罪與!」子夏投其杖而拜曰:「吾過矣! 吾過矣! 吾離群而索(삭)居, 亦已久矣.」『禮記·檀弓上』

【국역】

자하子夏[1]가 아들을 잃고 시력을 잃자, 증자曾子[2]가 조문하여 말씀

---

1) 복상(卜商, 기원전 500년~기원전 420년?). 성은 복(卜)이며, 이름은 상(商)이다. 춘추시대(春秋時代) 공문십철(孔門十哲)의 한 사람으로 공자보다 44세 아래이다. 자하(子夏)는 자(字)이다. 문학에 뛰어났으며, 위(魏) 나라 문후(文侯)의 스승이고, 공문(孔門) 중에서 후세에까지 가장 많은 영향을 끼쳤다. 공자(孔子)가 산정(刪定)한 『시경(詩經)』과 『역경(易經)』 및 『춘추(春秋)』를 전했다고 한다.
2) 증자(曾子, 기원전 505년~기원전 435년). 원래 이름은 증삼(曾參)이며, 자는

하기를 "내 들으니, 붕우가 시력을 잃으면 그를 위해 곡을 한다고 한다." 하시고 곡을 하셨다. 자하 또한 곡을 하면서 말하기를 "하늘이시여! 저는 죄가 없습니다." 하였다. 증자가 노하여 말씀하기를 "상商아! 그대가 어찌 죄가 없단 말인가. 내 그대와 함께 선생님을 수수洙水와 사수泗水 사이에서 섬겼는데, 그대는 물러나서 서하西河 가에서 노년을 보내면서 서하의 사람들로 하여금 그대를 선생님(공자)인 줄로 알게 하였으니 이는 그대의 첫 번째 죄요, 그대의 부모를 잃었는데도 사람들로 하여금 그대의 효성을 알게 하지 못하였으니 이는 그대의 두 번째 죄요, 〈그대가 부모를 잃었을 때는 그리 슬퍼하지 않았는데〉 그대가 아들을 잃었을 때는 〈너무 슬퍼하여〉 그대의 시력을 잃었으니 이는 그대의 세 번째 죄이다. 그런데 그대가 어찌 죄가 없다고 말하는가." 하자, 자하가 상장喪杖을 던지고 절하며 말하였다. "내가 잘못하였네. 내가 잘못하였네. 내가 벗들을 떠나 홀로 거처한 지가 또한 이미 오래되었기 때문이네."

## 【유가의 가르침】

　부모에게 있어 자식을 잃는 고통은 인간이 감내할 수 있는 슬픔 가운데 가장 깊고도 뼈아픈 상처라 해도 과언이 아니다. 갓난아이의 요절이든, 백발이 흑발을 먼저 보내야 하는 부조화의 비극이든, 그러

---

　자여(子輿)이다. 원(元) 문종 3년(서기 1330년)에 성국종성공(郕國宗聖公)으로 추봉(追封)되었고, 이것이 현재 성균관 대성전 등지의 공문사당(孔門祠堂) 위패에 표기되는 공식 존호이다. 후에 공자의 적통을 이어받았다고 평가되며, 공자와 나이 차이는 46세. 부친 증점(曾點)도 공자의 제자였다.

한 죽음은 부모의 가슴에 결코 지워지지 않을 깊은 흔적을 남긴다.

고대의 상례喪禮 제도는 바로 이러한 삶의 가장 절절한 경계 앞에서 남겨진 자를 도와 그 고비를 건너게 하고, 죽은 이를 편안히 떠나보내기 위한 의례적 장치, 즉 신종愼終이다.

그 정교하고 복잡한 의식 절차들은, 결코 죽음을 처리하는 형식에만 머무르지 않는다. 오히려 그것은 살아 있는 이의 마음을 어루만지고, 감정을 조율하며, 상실을 받아들이는 과정을 체계화한 심리적이고 문화적인 구조이다.

그 형식은 단순히 외적 예의禮儀를 갖추기 위함이 아니라, 삶과 죽음 사이의 단절을 받아들이는 생자生者의 마음을 점진적으로 인도하기 위한 치밀한 실천적 구성이다. 죽음을 향한 의례의 행보는 되돌릴 수 없음을 상기시키기 위해, 절차는 '매동이원每動而遠, 유진무퇴有進無退'—즉, 한 걸음 한 걸음 나아갈수록 죽은 이는 더욱 멀어지고, 결코 되돌아올 수 없다는 의도가 강조된다. 이는 죽음이 돌이킬 수 없는 사건임을 생자에게 각인시키는 동시에, 죽은 이가 점차 '형形'에서 '신神'으로, 곧 유형에서 무형으로 전이해 간다는 사실을, 생자가 감성적으로도 받아들일 수 있도록 이끄는 여정이다.

그 중심에는 죽은 이의 육신과 마주하는 직접적인 접촉의 순간들이 있다. 주검을 씻기고, 수의를 입히고, 관에 넣으며, 빈소에 모시고, 장례를 치르기까지 이어지는 일련의 절차는, 단순한 형식이 아니라 생자가 죽음을 '현실'로 체감하고, 상실을 받아들이는 심리적 전환을 가능하게 만드는 정교한 과정이다. 특히 소렴小殮에서 시신을 수습하고 다듬는 행위는, 살아 있음과 죽음 사이의 경계를 실감하게 하며, 생자에게 육체의 종결과 관계의 단절을 선명히 각인시킨다.

이처럼 정제된 장례 절차는 단지 전통적 상징이나 형식의 문제가 아니라, 죽음을 실제로 인식하고, 애도와 이별이라는 정서적 전환을 준비시키는 실천의 장場이다. 그렇기에 예제禮制는 고인과의 관계가 가까울수록, 생전에 더욱 깊은 정서적 연緣을 맺고 있었던 이일수록 더 엄격한 복제服制와 더 긴 애도 기간을 요구한다.

이는 곧, 상실의 고통은 단일하지 않으며, 사람마다 슬픔을 겪고 풀어내는 데 필요한 시간과 감정의 밀도는 다르다는 깊은 통찰에서 비롯된 것이다.

상례喪禮는 죽음을 애도하는 동시에, 슬픔의 극단으로 빠지지 않도록 생자의 몸과 마음을 지켜주는 윤리적·심리적 장치이기도 하다. 그래서 『예기』는 상례 초기에는 '울음과 몸부림에 절제가 없지만哭踊無數, 소렴小殮 이후에는 슬픔에도 절도가 있어야 한다哭踊有節.'라고 가르친다. 그리고 '우제虞祭'와 '졸곡제卒哭祭'를 거치며, 슬픔은 차츰 정제되고, 마음은 다시 삶의 현실로 복귀할 준비를 갖추어 간다.

이러한 맥락에서 보면, 고대의 상복喪服 제도 역시 단순한 규범이 아니다. 오복五服으로 대표되는 복제服制의 차등은, 죽은 이와의 친소親疏·원근遠近 관계에 따라 슬픔의 깊이와 회복의 시간을 달리 정한 정서적 배려의 구조이다. 부모와 자식, 형제와 친척 등 관계의 차등에 따라 상복의 기간과 형식이 달라지는 이유는, 단지 예禮의 경중 때문이 아니라, 사람이 상실을 견디는 데 필요한 정서적 시간과 감정의 밀도를 고려한 구성이다.

예禮란 바로 이처럼, 슬픔을 억누르기 위한 억압의 틀이 아니라, 그 애통함이 삶 전체를 무너뜨리지 않도록 품위 있게 감싸주는 문화적 장치이다. 슬픔을 몰아내기보다, 그 슬픔이 지나치게 흐르지 않도록 조용히 물길을 만들어주는 형식의 지혜이다. 바로 그렇기 때문에 『예기』 속 자하子夏의 이야기는 우리에게 다시금 예의 본질을 묻게 한다.

자하는 아들을 잃은 후, 눈이 멀 정도로 오랫동안 슬픔에 잠겨 있었고, 결국 건강까지 해쳤다. 이 모습을 지켜본 증자曾子는 노하여 그의 슬픔을 꾸짖었다. 그 꾸짖음은 자하의 정情을 탓함이 아니라, 예가 지닌 본래의 취지를 벗어난 슬픔의 방식에 대한 경계였다. 예는 결코 "슬퍼하지 말라"고 명하지 않는다. 다만 그 슬픔이 몸을 해치고 삶을 파괴하는 정도로 깊어지지 않도록 경계하며, 슬픔의 정서를 다스릴 형식을 제공한다. 예란 본디 감정을 억제하는 틀이 아니라, 그 감정이 삶의 형식을 무너트리지 않도록 품위 있게 조율해 주는 삶의 문법이다.

『예기』는 단순한 의례의 기록이 아니다. 그것은 한 사람의 감정을, 그리고 공동체의 삶을 질서 있게 유지하는 문화적 언어이자, 인간 존재의 존엄을 지키는 정서적 기틀이다.

자하의 이야기는 단지 한 개인이 예를 어긴 특이한 일화로만 보아 넘길 수 없다. 오히려 그것은 슬픔이라는 감정이 절제되지 않을 때, 인간이 어떻게 자기 파괴의 길로 나아갈 수 있는지를 보여주는 상징적 장면이며, 그로 인해 '예'가 정립되어야 하는 당위성을 가장 선명하게 설명해 준다.

　죽음을 슬퍼하는 일은 인간에게 너무도 자연스러운 일이다. 사랑하는 이를 잃었을 때, 그리움과 비통함이 마음 깊은 곳에서 차오르는 것은 어쩌면 피할 수 없는 감정일 것이다. 하지만 그 슬픔이 지나쳐 몸을 해치고, 삶의 기반마저 허물기 시작할 때, 그것은 더 이상 애도가 아니라, 자신을 파괴하는 또 다른 상실이 된다. 유가는 그런 슬픔을 억지로 억누르려 하지 않는다. 다만, 그 슬픔의 감정이 삶 전체를 뒤흔들지 않도록 다스리는 길을 '예禮' 속에 마련하고자 했을 뿐이다. 예는 인간의 오욕칠정을 막는 담장이 아니라, 마음이 제 자리를 잃지 않도록 가만히 받쳐주는 틀이다. 유가는 그 틀 안에서, 슬픔을 품되 무너지지 않는 법, 눈물을 흘리되 삶을 잊지 않는 법, 중용中庸을 가르쳐 왔다.
　『예기』 전체를 관통하는 것은, 다름 아닌 인정人情, 곧 인간의 가장 보편적이고도 깊은 정서에 대한 섬세한 통찰이다. 결국 유가가 말하는 상례喪禮란, 죽음을 대하는 방식이며, 상실을 견뎌내는 틀이자, 삶을 회복하는 기술이며, 슬픔을 통과해 다시 현실적 삶으로 회복하는 지혜의 길이다.

# 삶과 죽음을 마주하는 자리
― 두 기둥 사이의 성찰

【원문】

孔子蚤作, 負手曳杖, 消搖於門, 歌曰:「泰山其頹乎? 梁木其壞乎? 哲人其萎乎?」旣歌而入, 當戶而坐. 子貢聞之曰:「泰山其頹, 則吾將安仰? 梁木其壞・哲人其萎, 則吾將安放? 夫子殆將病也.」遂趨而入. 夫子曰:「賜! 爾來何遲也? 夏后氏殯於東階之上, 則猶在阼也 ; 殷人殯於兩楹之間, 則與賓主夾之也 ; 周人殯於西階之上, 則猶賓之也. 而丘也殷人也. 予疇昔之夜, 夢坐奠於兩楹之間. 夫明王不興, 而天下其孰能宗予? 予殆將死也.」蓋寢疾七日而沒.『禮記・檀弓上』

【국역】

　공자께서 일찍 일어나 뒷짐을 지고 지팡이를 끌면서 문 앞을 이리저리 거닐면서 노래하기를 "〈뭇 산이 우러르는〉 태산泰山이 무너지려나 보다. 〈뭇 나무가 의지하는〉 대들보가 부러지려나 보다. 〈뭇 사람들이 의지하는〉 철인哲人이 죽으려나 보다."라고 하셨다. 노래를 마치고 〈방 안으로〉 들어가서 〈급히 사람들을 만나기 위해〉 방문을 마주하고 앉아계셨는데, 자공子貢이 그 노래를 듣고 말하기를 "태산이 무너지면 내가 장차 어디를 우러러볼 것이며, 대들보가 부러지고 철인이 죽으면 내가 장차 누구를 본받겠는가? 선생님께서 아마도 중병이 드시려나 보다."라고 하고는, 마침내 종종걸음으로 들어갔다. 선생님께서 말씀하시기를 "사賜야! 너는 어찌 이리도 더디게 왔느냐? 하夏나라 사람들은 〈당堂위〉 동쪽 계단 위에 빈소를 차렸으니, 이는 〈죽은 자가〉 아직은 주인의 자리인 동쪽 계단에 있음을 표시한 것이고, 은殷나라 사람들은 〈당위〉 두 기둥 사이에 빈소를 차렸으니, 이는 〈죽은 자가〉 손님의 자리와 주인의 자리 중간에 끼어 있음을 표시한 것이며, 주周나라 사람들은 〈당위〉 서쪽 계단 위에 빈소를 차렸으니, 이는 아직은 〈죽은 사람을〉 손님으로 여긴 것이다. 나는 은殷나라 사람이다. 내가 어젯밤에 〈당위〉 두 기둥 사이에 〈남면南面하고〉 앉아서 제물을 차려놓고 제사를 받는 꿈을 꾸었다. 현명한 왕이 세상에 나오지 않으셨으니 천하에 그 누가 나를 받들겠느냐? 내가 아마도 죽으려나 보다."라고 하셨는데, 대략 병으로 누우신 지 7일 만에 돌아가셨다.

### 【유가의 가르침】

누군가 물었다.
"당신이 세상을 떠난 뒤, 묘비에는 무엇이 새겨지길 원하는가?"
우리 조상들은 오래전부터 이렇게 가르쳐왔다.
'蓋棺論定(개관논정)'—관을 덮은 뒤에야 비로소, 한 사람의 공과功

過를 온전히 논할 수 있다고.

그러나 문득 생각해 본다. 죽음이란, 나와 이 세계가 완전히 단절되는 사건이다. 그렇다면 내 묘비에 무엇이 새겨질지, 사람들이 나를 어떻게 평가할지, 그 모든 '형상形象'이 과연 나에게 어떤 의미가 있을까? 이미 나는 그 자리에 없을 터인데.

그렇다면 왜 우리는 "사람은 죽어 이름을 남긴다"고 믿으며, 죽은 뒤 남겨질 평판을 두려워하고, 또 애타게 바라는 것일까? 이 질문은 결국 하나의 지점을 향한다.

바로 마지막 순간, 인생 전체를 어떻게 마무리 지을 것인가?

어떤 위치에, 어떤 마음으로 나를 놓을 것인가에 관한 깊은 고민이다.

공자 또한 그러하였다.

어느 날 새벽, 그는 꿈속에서 자신이 두 개의 기둥楹柱 사이에 앉아 있는 모습을 보았다. 꿈에서 깨어난 그는 깨달았다. 세월은 이미 자신을 지나쳤고, 젊은 날 품었던 세상을 향한 포부 또한 더 이상 이루기 어렵다는 사실을.

'두 기둥 사이'

과거 천자와 제후들은 이곳에서 정사政事를 돌보고 사신使臣을 접견하며 천하를 다스렸다. 그러나 동시에, 그곳은 은상殷商 시대의 장례 예법에 따라 죽은 이의 영구靈柩를 모시던 자리이기도 했다.

같은 두 기둥 사이,

한때는 세계를 변화시키던 권력의 상징이었고, 또 다른 한편으로는, 삶과 이별하는 마지막 이정표였다.

살아 있을 때, 두 기둥 사이에 마주한 이는 존귀한 자와 존귀한 자였다. 서로 예를 갖추고 뜻을 주고받던 자리였다. 그러나 이제 홀로 앉은 공자 앞에는, 손을 맞잡을 이도, 뜻을 나눌 이도 없었다.

하夏나라 선왕先王들은 사랑하는 이의 시신을 주인의 자리인 당堂 위 동쪽 계단 높은 자리에 모셨다. 그것은 한없는 존경과 애통의 표현이었다.

그러나 은나라 시대에 이르러, 그 시신은 두 기둥 사이로 옮겨졌다. 그리고 주나라에 이르러서는, 죽은 이를 객客의 자리인 당堂 위 서쪽 계단 위에 모시게 되었다. 떠나야 할 손님처럼, 멀어져가는 존재로 여긴 것이다.

시대가 변함에 따라, 사랑하는 이를 대하는 방식도 변해갔다. '예禮는 시대에 따라 바뀐다'고 하지만, 공자의 마음은 씁쓸했다. 세월이 흐르면서, 사람들의 마음 또한 점점 멀어져 버린 듯했기 때문이다.

그날 새벽, 공자는 어떤 감정을 품었을까?

죽음을 앞두고, '나는 과연 무엇을 남겼는가?'를 묻는 씁쓸함이었을까? 아니면, 시대의 거대한 흐름 앞에 홀로 남겨진 자의 고독이었을까?

오늘을 사는 우리에게도, '두 기둥 사이'는 여전히 남아 있다. 삶의 어느 한순간, 우리는 불현듯 스스로에게 묻는다.

나는 무엇을 이루었는가?
나는 세상에 어떤 흔적을 남겼는가?
그리고 이 짧은 생애를 나는 어떻게 살아냈는가?

두 기둥 사이—
그곳은 우리 모두가 언젠가 마주해야 할,
가장 고요하고, 가장 깊은 질문의 자리다.

'두 기둥 사이'에 선다는 것은 단순히 죽음을 맞이하는 일이 아니다. 그것은 삶 전체를 한 점으로 응축해 내는 일이며, 스스로에게 마지막 질문을 던지는 일이다.

"나는 내 삶을 무엇으로 채워왔는가?"
"나는 누구를 위해, 무엇을 위해 살아왔는가?"
"내가 쌓아 올린 모든 것은 과연 무엇을 위한 것이었는가?"

삶의 여정은 길고 복잡하지만, 마지막에는 결국 단 하나의 물음으로 수렴된다. 그 물음 앞에서 우리는 누구도 거짓을 말할 수 없다. 그곳은 세상의 눈과 평가가 아니라, 오로지 스스로가 스스로를 바라보는 자리이기 때문이다.

그러므로,
'두 기둥 사이'는 단순한 공간이 아니다.

그것은 인간 존재가 자신의 삶을 온전히 껴안고,

마지막으로 스스로를 심판하는, 가장 고요하면서도 가장 존엄한 순간이다.

# 일은 삶의 태도다
— 증자에게 배우는 선택의 순서

【원문】

曾子仕於莒, 得粟三秉, 方是之時, 曾子重其祿而輕其身. 親沒之後, 齊迎以相, 楚迎以令尹, 晉迎以上卿. 方是之時, 曾子重其身而輕其祿. 懷其寶而迷其國者, 不可與語仁;窘其身而約其親者, 不可與語孝;任重道遠者, 不擇地而息;家貧親老者, 不擇官而仕. 故君子橋褐趨時, 當務為急.《傳》云:不逢時而仕, 任事而敦其慮, 為之使而不入其謀, 貧焉故也.《詩》曰:「夙夜在公, 實命不同.」『韓詩外傳』卷一

【국역】

증자曾子가 거莒1) 고을에서 벼슬을 할 때 고작 삼병三秉2)의 곡식을

---

1) 거(莒) : 중국 전국시대(戰國時代) 노(魯)나라의 읍명(邑名)이다. 지금의 산동성(山東省) 거현(莒縣)에 속한다.
2) 병(秉) : 벼 한 움큼의 양을 표시하는 양사(量詞)이다. 『의례·빙례(聘禮)』에 따르면 10두(斗)를 곡(斛)이라 하고, 16두를 수(籔)라고 하고, 10수를 병(秉)이라

받았으나, 이때에는 증자가 봉록을 중시하고 자기 자신을 가볍게 여겼다. 그러나 부모님이 돌아가신 후에 제齊나라에는 재상宰相의 벼슬로, 초楚나라에는 영윤令尹3)의 벼슬로, 진晉나라에는 상경上卿의 벼슬로 맞이하였으나, 이때에는 증자가 자기 자신을 중시하고 봉록을 가볍게 여겼다. 보배를 품은 채 나라를 어지럽도록 버려두는 사람과는 함께 인仁을 말할 수 없고, 자기 자신을 지나치게 아끼느라 부모 봉양에 소홀한 사람과는 효孝를 말할 수 없다. 짐이 무겁고 갈 길이 먼 사람은 땅을 가리지 않고 쉬는 법이고, 집안이 가난하고 부모님이 늙으신 사람은 자리를 골라 벼슬하지 않는 법이다. 그러므로 군자는 부지런히 종종걸음하는 처지에는, 닥친일을 급선무로 삼는다.

《전傳》에 말하였다.
"좋은 시대가 아닌데 벼슬을 해야 하면, 일을 맡되 염려를 충분히 하고, 그들의 심부름을 하더라도 계책을 도모함에는 참여하지 않는 법이니, 그저 가난을 모면하기 위한 벼슬인 까닭이다."

《시경》〈소남召南, 소성小星〉에 말하였다.
"밤낮 관청에만 있으니, 정말 내 운명이야 남들 같지 않네."

---

한다. 3병은 매우 적은 봉록(俸祿)을 의미 한다.
3) 영윤(令尹) : 중국 전국시대 초(楚)나라의 재상이다.

**【유가의 가르침】**

이 이야기는 '일'에 대한 유가의 오래된 물음에서 시작된다.

직업, 다시 말해 생업生業은 인간에게 있어 가장 기본적인 활동이지만, 무엇을 위해, 어떤 마음으로 일할 것인가는 단지 경제적 필요의 문제로 환원되지 않는다. 고대의 성유聖儒들이 고민했던 지점도 바로 여기에 있다.

일은 생계를 위한 수단인 동시에, 인격의 표현이기도 하다. 그리고 이 깊은 물음을 조용히 품고 살아간 인물, 바로 증자曾子였다.

그는 단순히 일의 가치를 논하지 않았다. 어떤 원칙 위에서 일할 것인가를 묻는다. 그가 제시하는 삶의 원칙은, 오늘을 살아가는 우리에게도 결코 낯설지 않은 울림을 남긴다.

오늘날처럼 고용이 불안정하고 실업률이 높은 시대에는, '일이 있다'라는 사실 자체가 때로는 축복처럼 여겨진다. 일은 가족을 부양하기 위한 방편이 되고, 사회 속에 자신을 편입시키는 수단이 되며, 그 다음에야 비로소 자아실현이나 성취감이 이야기된다. 그러나 증자는, 그 흐름을 정중히 거슬러 묻는다.

"무엇이 나를 일하게 하는가?"

그에게 일은 단지 생존의 조건이 아니라, 도리의 실천이자, 마음의 질서가 드러나는 장場이었다. 그가 말한 출처出處(벼슬을 나아감과 물러섬)의 세 가지 원칙은, 단지 직업 선택의 요령이 아니다. 그것은 삶의 태도, 인간의 책임, 인격의 우선순위에 관한 질문이다.

첫째, 가장 근본적인 원칙은 부모를 온전히 봉양하는 일이다.
부모가 살아계시는 동안, 자신의 직업 선택은 개인의 선호나 출세의 기회보다 부모의 물질적 안정과 정서적 평안을 우선해야 한다. 증자는 이 원칙을 철저히 지켰다. 부모가 생존해 있을 당시, 그는 어떤 벼슬자리도 함부로 받아들이지 않았다. 그에게 '효孝'는 단지 감정이 아닌, 삶을 설계하는 질서였다.

둘째, 부모가 세상을 떠난 이후에는 비로소 자신의 뜻을 펼칠 여지가 생긴다.
증자는 부모의 사후에야 여러 제후국에서의 관직 제안을 마음 편히 거절할 수 있었다. 그제서야 그는, '부모에 대한 도리'와 '자기 삶의 방향' 사이에서 갈등하지 않아도 되었기 때문이다.

셋째, 자신에게 재능이 있다면, 그것을 세상에 숨기지 말고 기꺼이 드러내야 한다.
이 마지막 원칙은 앞의 두 가지와 조화를 이루면서도, 보다 공적 책임의 감각을 강조한다. 증자는 이 점에 있어 매우 신중했다.
이 대목에서 글쓴이는, 신중하게 출사出仕 여부를 고심하며 스스로를 아꼈던 증자의 태도와는 사뭇 다른 입장을 취하는 듯 보인다. 즉, 출사의 필요성을 보다 적극적으로 강조하는 쪽이다. 그 이유는 분명하다. 개인의 재능이란 결코 오롯이 개인의 힘만으로 길러진 것이 아니라, 사회의 보살핌과 공동의 축적 위에서 이루어진 공적 자산이기 때문이다. 그렇기에 세상이 혼란스럽고 정치가 어지럽다 하더라도, 또한 군왕이 반드시 어진 인물이 아닐지라도, 자신이 지닌 능력을 세상에 보태는 일은 결코 외면할 수 없는 책무이다. 스스로를 지키며 물러서는 '명철보신明哲保身'의 자세는 이해할 수 있다. 그러나 그럼에도 불구하고, 공동체를 이롭게 할 수 있는 자신의 능력을 감춰서는 안 된다. 그 능력은 사회와 함께 길러온 것이며, 그 능력을 통해 세상을 조금 더 나은 곳으로 만들 수 있다면, 그것은 더 이상 나 자신만의 것이 아니다.

이러한 삶의 원칙은 단순한 '출세'의 문제가 아니다. 자기 능력을 드러내되, 부모를 먼저 돌보며, 세상의 이익에 이바지하되, 이성의 중심을 잃지 않는 것. 이 세 가지가 균형을 이룰 때, 비로소 인간은 진정한 의미에서 '무엇을 할 것인가'를 물을 수 있다.

그리고 그것이야말로, 유가儒家가 말하는 '군자君子'의 자세다. 군자는 조급하지 않되, 중요한 일을 망설이지 않고, 순서 있게, 책임 있게, 사람답게 살아가는 존재이다.

증자의 선택은 우리에게 조용히 말한다.

"일은 삶의 수단이기 이전에, 한 사람의 품격과 중심이 드러나는 삶의 자세이기도 하다."

# 군자君子
— 절제와 조화의 품격

**【원문】**

喪事, 欲其縱縱爾 ; 吉事, 欲其折折爾. 故喪事雖遽, 不陵節 ; 吉事雖止, 不怠. 故騷騷爾則野, 鼎鼎爾則小人. 君子蓋猶猶爾. 『禮記·檀弓上』

**【국역】**

상사喪事는 급하게 하려 하고 길사吉事는 천천히 하려 한다. 그러므로 상사는 비록 급히 하더라도 절차를 뛰어넘지 않고, 길사는 비록 멈추고 기다리는 때가 있더라도 태만하게 하지 않는다. 그러므로 〈상사는〉 너무 성급하게 하면 촌사람 같고 〈길사는〉 너무 느리게 하면 소인 같으니, 군자는 유유히 완급緩急을 적절하게 할 뿐이다.

**【유가의 가르침】**

전통 경학자들은 이 대목을 이렇게 풀이해 왔다.
급박하게 행동하면, 마치 교육을 받지 못한 촌부처럼 경솔해 보이고, 반대로 지나치게 느슨하고 산만하면, 오만하고 품격 없는 소인배처럼 비칠 위험이 있다. 진정한 군자君子의 모습은 이 양극단을 넘어, 조화롭고 절제된 품성을 자연스럽게 드러내야 한다는 것이다.

군자는 마음에 감정이 일어날 때, 그 감정을 넘치지 않게 하고, 언어는 절도에 맞추어 발하며, 행동은 법도에 부합되게 해야 한다. 군자는 단순히 외형만을 가다듬는 것이 아니다. 감정과 언행 전체를 '법도法度'와 '절제節制' 속에 조화시키는 인물이다.

우리가 흔히 떠올리는 군자의 이미지는 다소 정형화되어 있다. 시詩와 서書에 능하고, 규범을 따르며, 숭고한 이상과 선한 덕성을 지닌 고결한 사람.

그러나 이 문장은 보다 구체적이고 생생한 차원에서 묻고 있다.

"어떠한 마음과 몸가짐을 갖추어야 군자라 할 수 있는가?"

군자다움은 단지 외형적 교양에 있지 않다. 삶의 자세, 감정의 조율, 행동의 품격 속에서 진정으로 드러나는 것이다.

『중용中庸』에서도 다음과 같이 강조한다.

> 군자君子는 현재 자신의 지위에 따라 마땅히 해야 할 것을 행하고, 그 밖의 것을 원하지 않는다. 부귀富貴한 처지가 되어서는 부귀에 마땅하게 행하고, 빈천貧賤한 처지가 되어서는 빈천에 마땅하게 행하며, 이적夷狄의 입장이 되어서는 이적에 마땅하게 행하고, 환난患難을 당해서는 환난에 마땅하게 행하니, 군자는 가는 곳마다 자득自得하지 않음이 없다.

君子素其位而行, 不願乎其外. 素富貴, 行乎富貴 ; 素貧賤, 行乎貧賤 ; 素夷狄, 行乎夷狄 ; 素患難, 行乎患難. 君子無入而不自得焉.

군자는 겉모습을 꾸며 사람의 마음을 얻으려 하지 않는다. 진심을 다해 내면을 다듬고, 현재 자신의 위치에 맞는 태도를 취한다. 그리하여 겉과 속이 일치하는 정직함과, 자연스럽고 절제된 풍모를 드러낸다. 이것이 곧 군자다움의 본질이다.

어쩌면 오늘날, '군자'라는 말은 화려한 스타나 트렌디한 인물에 비해 다소 매력을 덜 느끼게 할지도 모른다. 그러나 현대 사회를 둘러보면, 여전히 "어떤 모습이 매력적인가?", "어떻게 해야 기억될 수 있는가?"라는 질문은 끊임없이 제기된다.

시대는 변했지만, '사람은 겉모습에서도 품격이 드러난다.'는 믿음은 여전히 살아 있다. 우리는 의식적이든 무의식적이든, 몸가짐을 다듬고, 상대에게 더 나은 인상을 남기기 위해 노력한다. 이러한 과정은 반드시 편안한 것만은 아니다. 유행하는 옷은 종종 불편하고, 공적인 자리에서 요구되는 태도는 개인적 습관과 어긋나기도 한다. 그럼에도 우리는, 때로는 스스로를 억제하고, 때로는 자신을 연출하며, '보다 나은 나', '더 기억될 수 있는 나'를 끊임없이 만들어간다. 그리고 어느 순간, 장소에 따라 옷을 고르고, 사람에 따라 표정을 조율하며, 필요에 따라 화려하거나 소박하게 스스로를 표현하는 일이 자연스러워진다. 우리는 왜 이러한 과정을 받아들이는가? 그것은 강요당해서가 아니다. 우리는 '조금 더 나은 나'를 만들어내고자 스스로 이 과정을 선택하고 있는 것이다.

그러나 현대 사회에서는 때로 '예禮'에 대해 부정적인 인식이 적지 않다. '예는 억압이다.', '자유를 구속한다.' 심지어 '인간성을 훼손하는 도구'라고까지 말하는 이들이 있다. 이러한 오해는 '절제節'라는 개념을 좁게 해석한 데서 비롯된다. '절제'는 단순한 억누름이 아니다. 그것은 '조율'이며 '다듬음'이다.

외형에 있어서는, 적절한 수양과 단정한 태도를 통해 타인에게 신뢰와 존중을 이끌어낼 수 있다.

감정에 있어서는, 슬픔이 지나쳐 삶을 무너뜨리는 일을 막고, 흥분이 넘쳐 중심을 잃는 일을 예방할 수 있다.

'예는 반드시 절제를 이야기해야 한다.'는 것은 규범을 강요하기 위한 것이 아니다. 그 진정한 목적은, 개인이 심리적 건강을 지키고, 공동체 속에서 사랑받으며 조화롭게 살아갈 수 있도록 돕는 데 있다. 결국, 겉모습을 다듬는 것도, 마음을 조율하는 것도, 모두 '더 나은 나'를 완성하려는 자발적 과정이다. 그리고 이 과정이야말로, 진정한 '군자'로 향하는 길이다.

『논어·옹야雍也』편에서 공자는 말한다.

"군자가 〈先王의〉 유문遺文을 널리 배우고, 예로써 자신을 단속한다면 도道에 어긋나지 않을 것이다."

子曰 :「君子博學於文, 約之以禮, 亦可以弗畔矣夫.」

　　군자는 외형적 교양뿐 아니라, 마음 깊은 곳에서부터 품격을 다듬는다. 조화로운 존재로 자신을 길러가며, 삶을 통합시킨다. 이것이야말로, 진정한 자유를 위한 절제이며, 진정한 품격을 위한 조율이다.
　　군자란 단순히 도덕적 규범을 외형적으로 따르는 자가 아니다. 삶 전체를 끊임없이 다듬고, 자기 존재를 조화롭게 확장해 나가는 사람이다. 그것은 강요된 형식이 아니라, 자발적 품격이며, 억압된 자아가 아니라, 성숙한 자유이다.
　　오늘 이 시대,
　　우리가 다시 새겨야 할 군자의 길은 바로 여기에 있다.

# 구름은 바람 없이 움직이지 않는다
— 맹자의 경고

【원문】

梁惠王曰:「晉國, 天下莫強焉, 叟之所知也. 及寡人之身, 東敗於齊, 長子死焉; 西喪地於秦七百里; 南辱於楚. 寡人恥之, 願比死者一洒之, 如之何則可?」孟子對曰:「地方百里而可以王. 王如施仁政於民, 省刑罰, 薄稅斂, 深耕易耨. 壯者以暇日修其孝悌忠信, 入以事其父兄, 出以事其長上, 可使制梃以撻秦楚之堅甲利兵矣. 彼奪其民時, 使不得耕耨以養其父母, 父母凍餓, 兄弟妻子離散. 彼陷溺其民, 王往而征之, 夫誰與王敵? 故曰:『仁者無敵.』王請勿疑!」
『孟子·梁惠王上』

【국역】

양梁나라 혜왕이 말하였다. "진晉나라가 천하에 막강하다는 사실은 노선생께서도 아시는 바입니다. 그런데 과인寡人의 대에 이르러 동쪽으로는 제齊나라에게 패전하여 맏아들이 전사하였고, 서쪽으로는 진秦나라에게 영토를 700리나 잃었으며, 남쪽으로는 초楚나라에게 모욕을 당하였습니다. 과인이 이를 부끄러워하여 전사한 자를 위해서 한번 설욕하고자 하는데 어떻게 하면 되겠습니까?"

맹자가 대답하였다. "땅이 사방 100리만 되어도 그것을 가지고 천하에 왕 노릇할 수 있습니다. 왕께서 만일 인정仁政을 베풀어 형벌을 줄이시고 세금을 적게 거두신다면, 백성들이 여유가 있어서 밭을 깊이 갈고 김을 잘 맬 것이며, 장성한 자들이 여가를 이용하여 효제孝悌와 충신忠信을 닦아서, 들어가서는 부형父兄을 섬기며 나가서는 어른과 상관을 섬길 것이니, 이렇다면 이들로 하여금 몽둥이를 만들어 진秦나라와 초楚나라의 견고한 갑옷과 예리한 병기를 상대하게 할 수 있을 것입니다. 반면에 저 적국의 군주가 자기 백성들의 농사철을 빼앗아 백성들로 하여금 밭 갈고 김을 매어서 그 부모를 봉양하지 못하게 하면, 부모는 추위에 떨고 굶주리며 형제와 처자식은 뿔뿔이 흩어질 것입니다. 저들이 이처럼 그 백성을 도탄에 빠뜨리거든 왕께서 그때 가서 정벌하신다면 누가 왕과 대적하겠습니까? 그러므로 옛말에 '인자仁者에게는 대적할 사람이 없다仁者無敵.'고 한 것이니, 왕께서는 제 말을 의심하지 마십시오!"

**【유가의 가르침】**

　맹자는 양나라 혜왕과의 대화에서 정치의 근본을 천명한다. 정치의 성패는 궁극적으로 민심에 달려 있으며, 백성의 마음을 얻는 자는 천하를 얻고, 백성의 마음을 잃는 자는 마침내 나라를 잃고 만다는 것이다. 이는 유가儒家가 고대로부터 줄곧 강조해 온, 천추千秋에 변함없는 정치의 대원칙이다.

유가는 정치의 본령을 인仁에 두었다. 인仁을 실천하는 자에게는 천하를 무너뜨릴 자가 없다는 믿음 아래, 군주의 통치는 오직 백성을 향한 사랑과 보살핌 위에 기초해야 한다고 역설하였다. 그러나 맹자가 살았던 전국시대戰國時代는 그런 믿음이 조롱당하고, 인의仁義가 시대에 뒤떨어진 것으로 치부되던 혼란기였다. 당시 제후들은 오로지 부국강병富國強兵에 몰두했다. 인의도 도덕도, 모두 국군國君의 논리에 밀려 주변으로 밀려났다.

맹자가 양梁나라 혜왕惠王을 찾아갔을 때, 혜왕은 곧장 물었다.

"어떻게 하면 부국강병할 수 있겠는가?"

그 질문에 대한 맹자의 대답은 당시 상식을 뒤흔드는 것이었다. 그는 거리낌 없이 답한다.

"부국강병은 인정仁政을 베푸는 데서 비롯된다."

맹자는 백성에게 세금을 가볍게 하고, 형벌은 신중히 집행하며, 노동을 적절히 조정하여 삶을 평안히 하도록 권한다. 그리하면 설령 백리百里에 불과한 작은 땅이라도, 천하를 얻을 수 있다는 것이 그의 확신이었다.

그러나 현실은 맹자의 예언과 달랐다. 당시 제후들은 눈앞의 이익에 몰두했고, 즉각적인 부강을 원했다. 맹자가 말한 인의仁義 정치는 너무 느렸고, 너무 많은 인내를 요구했으며, 단기적인 부국강병에는 어울리지 않는 것처럼 보였다. 그들은 맹자의 조언을 듣는 듯했으나, 곧장 현실적 이익 앞에 다시 구습으로 돌아갔다. 그러나 맹자의 주장은 결코 공허한 이상론이 아니었다. 그것은 시대를 초월하는 통찰, 민심이야말로 국가를 지탱하는 최후의 근본이라는 인식에서 비롯된 것이었다.

중국 역사의 흐름을 돌이켜보면, 한 왕조가 흥할 때도, 또 쇠망할 때도, 언제나 그 중심에는 민심의 향배가 있었다. 『시경詩經』에 담긴 백성들의 노래는 이를 생생히 전한다. 「석서碩鼠」편은 탐관오리에 시달리는 백성들의 분노를, 「벌단伐檀」편은 부역에 시달리면서도 의식주조차 얻지 못하는 현실에 대한 울분을 노래한다.

> 큰 쥐야, 큰 쥐야,
> 내 기장을 먹지 마라.
> 삼 년을 너와 알고 지냈거늘,
> 나를 돌보지 아니하네.
> 장차 너를 떠나서 저 낙원으로 나는 가리라.
> 낙원이여 낙원이여 내 살 곳을 찾으리라.

**碩鼠碩鼠, 無食我黍. 三歲貫女, 莫我肯顧. 逝將去女, 適彼樂土. 樂土樂土, 爰得我所.** 『시경·위풍魏風·석서碩鼠』

끙끙 박달나무를 베어와
하수河水 물가에 버려두니
하수河水가 맑고 물결이 일도다.
씨 뿌리지도, 거두지도 않고
어찌 벼 삼백전을 거두었는가?
사냥을 않고 어찌 그대 뜰에 내 걸린 담비가 보이는가?
저 군자는 일하지 않고 먹는다네.

坎坎伐檀兮, 寘之河之側兮, 河水淸且直猗. 不稼不穡, 胡取禾三百億兮. 不狩不獵, 胡瞻爾庭有縣特兮. 彼君子兮, 不素食兮. 『시경·위풍魏風·벌단伐檀』

이 고통의 언어는 권력자들이 민심을 거스른 대가가 얼마나 비참한 것인가를 웅변하고 있다.

맹자는 다시 한번 분명히 선언한다.

"백성이 가장 귀하고, 사직社稷은 그 다음이며, 군주는 가장 가벼운 존재다."

民爲貴, 社稷次之, 君爲輕.

이는 국가란 군주 개인의 것이 아니라, 백성 모두를 위한 공동체라는 선언이며, 군주란 백성의 삶을 책임지는 자리에 서 있어야 한다는 윤리적 명령이었다. 군주가 자신의 권력이나 사사로운 이익을 위해 나라를 경영한다면, 그는 반드시 민심을 잃을 것이며, 민심을 잃은 자는 필연적으로 몰락을 맞게 된다. 이것이 맹자가 보았던 역사의 법칙이며, 정치의 철칙이었다.

이 질문은 맹자의 시대를 넘어, 오늘날 민주주의를 살아가는 우리에게도 여전히 뼈아픈 자문을 던진다.

"정치는 누구를 위한 것인가?"

정치는 단순한 권력의 놀이여서는 안 된다. 정치는 백성의 삶을 위하고, 백성의 존엄을 지키는 데 존재해야 한다.

"민民이 곧 하늘이다."
"민심이 천심이다."

이 믿음은 단순한 구호가 아니다. 정치가 존재해야 할 이유이며, 정치가 스스로를 끊임없이 점검해야 할 근본적 명제다.
진정한 정치란, 권력의 과시가 아니라, 삶을 보듬는 것이다. 백성의 아픔에 귀 기울이고, 그들의 소망을 향해 손을 내미는 것이다.
맹자는 말한다.

"인자에게는 대적할 사람이 없다"

仁者無敵.

이 간명한 네 글자는, 단순한 도덕적 미화가 아니라, 가장 냉정하고 현실적인 정치의 길을 가리키는 이정표다. 정치는 백성의 삶을 위한 것이어야 한다. 그 삶을 지키고 키워내는 길 위에서만, 진정한 위정자爲政者의 지혜와 품격이 빛날 수 있기 때문이다.

정치는 단순히 국민이 원하는 것을 해주는 것이 아니다.
정치는 국민을 위하는 것이어야 한다.
정치는 추측이 가능한 미래여야 한다.
개혁은 단절이 아니라 연속성을 지녀야 한다.
구름이 바람 없이 움직이지 못하듯,
정치는 국민 없이 움직일 수 없다.

민심民心이 흐르는 곳, 거기에 천심天心이 깃든다. 그것이 맹자가 가르쳐준 정치의 본질이며, 오늘 우리에게 던지는 가장 근본적인 물음이다.

# 예(禮)  예는 공경하지 않음이 없다.

예의 근본은 경외심에 있다.
그것은 형식이 아니라 마음의 자세이며, 사람 사이의 질서를 바르게 세우는 근원이다.
조용히 자신을 낮추는 마음 하나가, 세상을 가장 높게 세운다.
예는 마음이 머무는 자리에 질서가 깃드는 삶의 무늬이다.
그래서 예란, 사람이 사람으로 살아가기 위한 가장 단아한 격格이다.

# 죽음을 통해 배우는 삶의 지혜
— 예제禮制의 원리

【원문】

孟子曰:「不亦善乎! 親喪, 固所自盡也. 曾子曰:『生, 事之以禮; 死, 葬之以禮, 祭之以禮, 可謂孝矣.』諸侯之禮, 吾未之學也. 雖然, 吾嘗聞之矣: 三年之喪, 齊疏之服, 飦粥之食, 自天子達於庶人, 三代共之.」『孟子·滕文公上』

【국역】

〈등滕나라 정공定公이 죽자, 세자가 그의 스승인 연우然友를 맹자에게 보내어 상례喪禮에 대해 자문을 얻고자 하였다〉 맹자가 대답하였다. "그 또한 훌륭한 일이 아니겠습니까? 부모의 초상은 본래 자신의 마음을 다하는 것입니다. 승자께서 말하기를, '부모가 살아계실 때는 예禮로써 섬기며 돌아가신 뒤에는 예로써 장사 지내고 예로써 제사를 지내면 효성스럽다고 할 만하다.'라고 하셨습니다. 제후諸侯의 예禮는 내가 배우지 못했으나, 일찍이 들어본 적은 있습니다. 삼년상에 거친 베로 만든 상복을 입고 미음과 죽을 먹는 것은 천자로부터 서인에 이르기까지 삼대三代 이래로 공통으로 시행해 왔던 것입니다."

**【유가의 가르침】**

　예禮란 무엇인가? 예란 사람이 지켜야 할 '마땅한바[宜]'를 외형적으로 드러낸 규범적 형식이며, 곧 인간 삶의 도道를 규정짓는 사회적 준칙이라 할 수 있다. 따라서 예라는 형식이 성립하려면 반드시 내면에 '마땅함'이 전제되어야 하며, 이는 과거의 유산이 아니라 오늘을 살아가는 삶의 흐름 속에서 끊임없이 현재화되어야 할 실천의 원리다.

　예는 단순한 의식 절차를 넘어 인간 존재 전체를 포괄하는 삶의 형식이다. 수양의 태도에서부터 부모와 형제, 부부와 가족, 이웃 간의 관계에 이르기까지, 더 나아가 의식주를 비롯한 일상 문화와 정치·경제·사회·관습, 그리고 관혼상제와 같은 삶의 주요 의례에 이르기까지, 그 적용 범위는 실로 무한하다. 그러므로 고금의 인류사에서 예가 결여된 사회를 상정하는 것은 거의 불가능에 가깝다.

　예제禮制는 예로부터 체계적인 전장제도典章制度를 바탕으로 구성되어 왔으며, 그 준행 기준은 『주례周禮』·『의례儀禮』·『예기禮記』의 삼례三禮를 통해 구체적으로 확인할 수 있다. 주周 왕조는 종법제도宗法制度를 근간으로 한 계층사회였고, 이에 따라 예의 실행 기준도 신분에 따라 차등 적용되었다. 예컨대, 천신天神·지기地祇(지신)·귀신鬼神(조상신)에 대한 제사의 대상과 방식이 신분에 따라 엄격히 구분되었으며, 천자는 구주九州의 명산대천을 제사 지냈지만, 제후는 자국 내 산천에 한정되었다. 조상의 종묘 역시 천자는 칠묘七廟, 제후는 오묘五廟, 대부는 삼묘三廟, 사는 일묘一廟를 두었고, 서민은 묘를 둘 수 없었다. 장례에 있어서도 빈장殯葬, 복상服喪, 부장품副葬品 등 모든 절차와 대상이 신분에 따라 정교하게 달랐으며, 악무樂舞 역시 천자는 팔일무八佾舞, 제후는 육일무, 대부는 사일무, 사는 이일무로 제한되었다. 이와 같은 예제의 규범은 단순한 형식이 아니라 당대 사회 질서를 유지하기 위한 실질적 원칙이었다.

특히 상례喪禮는 단순한 장례 절차를 넘어서, 망자를 정중히 모시는 행위이자, 산 자가 죽음을 애도하고 삶의 의미를 되돌아보게 하는 가장 상징적이며 포괄적인 의례라 할 수 있다. 상장喪葬은 단순히 사자를 처리하는 기술적 행위가 아니라, 살아 있는 이들의 감정과 사유, 그리고 공동체가 지닌 윤리와 문화적 태도를 응축한 총체적 실천이다.

인류학과 고고학의 연구에 따르면, 상례는 인류문명이 일정한 단계에 도달한 이후에야 비로소 제도적 체계를 갖추게 되었으며, 이는 문명화된 사유 방식과 안정된 사회구조의 형성을 전제로 등장한 독특한 문화 양식이다. 초창기에는 자연 본능에 근거한 단순한 매장 행위에 불과했던 것이, 문명의 진전과 더불어 도덕규범의 체계 안에서 정비되었고, 결국에는 일정한 의례적 구조를 갖춘 사회적 제도로 발전하였다.

이러한 상례의 제도화는 단지 장례 절차의 정교화에 그치지 않고, 인간이 죽음을 대하는 태도와 사후 세계에 대한 관념, 공동체의 연속성과 조상에 대한 기억의 방식 등 다양한 층위를 포괄한다. 따라서 유가儒家의 예학禮學 전통에서 상례는 단일한 의례가 아닌, 가장 방대하고 정교한 규범 체계를 구성하는 핵심 영역이며, 동시에 고대 문명의 윤리적 정체성과 정신세계를 대변하는 상징적 장場이었다.

상례는 인간 존재의 마지막 여정을 다루는 의례이기에, 그 정신적 밀도와 실천의 깊이는 모든 예속禮俗 중에서도 가장 풍성하고도 깊다. 상례는 민족과 지역에 따라 망자에게 거행되는 염殮과 빈殯, 제전祭奠 등 일련의 예절을 포함할 뿐만 아니라, 조상과 자연, 나아가 주위 사물에 대한 경외와 숭배의식을 포함하고 있다. 상례 역시 다른 예속과 마찬가지로 당대의 정신문화와 밀접한 연관을 가지며, 정치·경제·사회 모든 영역에 깊은 영향을 끼쳐왔다.

나아가 상례는 인류만이 보유한 고유한 사회적 활동이자 문화적 표현으로, 동양의 역사와 문화에서 대단히 중요한 부분을 차지해 왔다. 그 속에 내포된 의의 또한 단순하지 않다. 인류문명의 발전과 더불어, 원시 사회의 간단한 매장 방식은 점차 번거롭고 정교한 상례로 진화하였으며, 이는 단순한 문화의 외형을 넘어, 삶과 죽음을 대하는 태도, 그리고 인간 존엄에 대한 사유를 반영하게 되었다. 특히 유가의 예학 가운데 상례는 가장 방대한 범위를 아우르는 장으로, 중국 선진先秦 시기 문명의 중심 상징이 되었다.

예제禮制의 전장제도典章制度는 비록 신분에 따라 실천의 양태나 정도에 있어 차등이 존재하였으나, 그 내면에 흐르는 근본정신은 일치하였다. 이를테면 『예기·상대기喪大記』에 따르면, 상례 중 초혼招魂을 행할 때 착용하는 제복祭服은 신분별로 명확히 구분되었다. 군주는 곤면복袞冕服을, 부인夫人은 궐적屈狄을 입었으며, 대부는 현정玄赬(검은색 상의에 분홍빛 치마)을, 세부世婦는 전의襢衣를, 사는 작변

복爵弁服을, 사의 처는 단의稅衣를 착용하였다.[1]

이렇듯 복식에 있어서는 계층별로 차등이 존재했지만, 초혼의 제의에서 추구하는 정신, 곧 죽은 자에 대한 존중과 산 자의 감정 정돈이라는 기본 원리는 신분을 초월하여 동일하게 적용되었다. 이러한 사실은 예가 단지 신분을 드러내는 외형적 질서만이 아니라, 그 이면에 존재하는 보편적 인간 이해와 윤리적 태도를 담아내는 실천의 형식임을 보여준다. 형식은 다를지언정, 예의 본질은 하나였다.

맹자는 「등문공상」편에서 부모의 상례는 천자로부터 서인庶人에 이르기까지 삼년상을 동일하게 치러야 함을 강조하였다. 『예기 · 삼년문』편에 따르면,

> 그러므로 3년의 상喪은 인도人道에 지극히 문채 나는 것이니, 이것을 일러 '지극히 높다'하는 것이다. 이는 백왕百王이 똑같이 행하는 것이고 고금으로 동일하게 행한 것이니, 〈삼년상을 전대에 행한 지가 매우 오래되었으므로〉 그 유래를 아는 자가 있지 않다.

> 故三年之喪, 人道之至文者也, 夫是之謂至隆. 是百王之所同, 古今之所壹也, 未有知其所由來者也.

---

1) 「君以卷, 夫人以屈狄 ; 大夫以玄禎(정), 世婦以襢(전)衣 ; 士以爵弁, 士妻以稅(단)衣.」 『禮記 · 喪大記』.

라고 하였다. 유가儒家에서는 삼년지상三年之喪을 인사人事에서 가장 성대하고 장엄한 예의이며, 역대 군왕과 백성들이 보편적으로 준수하여야 하는 규범으로 간주하였다. 그러므로 예제禮制가 시대와 신분에 따라 다소 차이가 존재하지만, 그 근간을 이루는 정신은 오히려 불변의 규범으로 작용하고 있음을 알 수 있다. 『예기·상복사제喪服四制』편에 다음과 같은 기록이 있다.

> 무릇 예禮의 대체大體는 천지天地를 본뜨며, 사시四時(사계절)를 본받으며, 음양陰陽을 법칙으로 삼으며, 인정人情을 순히 따른다. 그러므로 이것을 '예禮'라 이르니, 예를 비방하는 자는 예가 생겨난 이유를 알지 못한다.
>
> 凡禮之大體, 體天地, 法四時, 則陰陽, 順人情, 故謂之禮. 訾之者, 是不知禮之所由生也. 『禮記·喪服四制』

즉, 예의 원칙은 천지자연의 이치를 본받아 제정되었으며, 그 모든 내용은 인정人情을 따라 순응하였기 때문에 예를 실천할 때 신분에 따라 다소 차이는 있으나 그 근본적인 정신은 모두 동일하다.

물론 시대의 변천에 따라 예제禮制는 이미 고대 전통사회와는 다른 형태로 변화했고, 예의 절차와 의식도 변형되었거나 생략되었다. 그러나 그 기본적인 정신적 구조는 오히려 만고불변萬古不變이 되었다. 예를 들면, 상례를 치를 때 망자와의 친소親疏와 친족간의 후박厚朴에 따라 복제服制 역시 차이가 있으므로, 그 기준은 여전히 내재적인 친

소親疏의 원칙을 따른다. 이른바,

> 은혜가 두터운자는 복服이 무겁다. 그러므로 〈은혜가 가장 후한〉 아버지를 위하여 참최 3년의 복을 입으니, 〈이 예는〉 은혜로써 제정한 것이다. 집안의 다스림은 〈은혜를 주장하기 때문에〉 은혜가 의義를 가리고 집 밖의 다스림은 〈의를 주장하기 때문에〉 의가 은혜를 끊는다.
>
> 其恩厚者, 其服重 ; 故爲父斬衰三年, 以恩制者也. 門內之治, 恩掩義 ; 門外之治, 義斷恩. 『禮記·喪服四制』

상복喪服의 복제服制를 결정하는 기준은 무엇인가? 그것은 다름 아닌 친소親疏와 후박厚薄의 원칙에 따른다. 다시 말해, 예제에서 말하는 「문내門內」와 「문외門外」의 구분은 혈연적 관계의 여부를 기준으로 삼으며, 가까운 친족 사이의 예는 정감의 깊이, 곧 은혜의 후박厚薄에 따라 그 등급이 결정된다. 반면, 혈연이 아닌 사회적 관계에 있어서는 정감이 아니라 의義, 곧 도리와 윤리를 기준 삼아 판단하고 실천의 강도를 정하게 된다.

이러한 예의 구조는 인간관계를 인정人情과 도리道理, 두 가지 축으로 구획하여, 각기 다른 예의 형식을 부여함으로써 예제의 정당성과 실천 가능성을 확보한다. 『예기·상복사제』편에서도 "은혜가 두터운 자에게는 복이 무겁고, 집 안에서는 은혜가 의를 덮으며, 집 밖에서는 의가 은혜를 끊는다"라고 밝힌 바와 같이, 예는 혈연관계에서는 정情을 우선하고, 사회관계에서는 의義를 우선하는 절묘한 조화를 통해 인간관계의 조율과 질서의 유지를 꾀하였다.

결국 맹자가 말하고자 했던 바는, 예禮를 실천함에 있어 진정으로 중시해야 할 것은 외형적인 형식이나 관습적 틀 자체가 아니라, 그 예가 내포하고 있는 원리原理와 본의本義에 있다는 점이다. 예는 시대의 흐름에 따라 절차나 모습이 변화할 수 있으며, 때로는 형식이 축소되거나 생략되기도 하지만, 그 안에 담긴 인간 이해의 방식과 윤리적 정신은 결코 변하거나 소멸되지 않는다.

그러므로 예의 참된 실천이란 단지 그 원형原形이나 의식의 외형을 답습하는 데 있는 것이 아니라, 예가 어떻게, 왜 생겨났는지를 깊이 성찰하고, 그 형식이 담고자 했던 의미와 근본 원리—곧 예의 인문적 기원과 윤리적 지향—를 올바로 이해한 뒤, 그것을 삶 속에서 실현해내는 데에 그 진의眞意가 있다.

# 사람의 무늬
— 예禮

**【원문】**

仲尼燕居, 子張·子貢·言游侍, 縱言至於禮. 子曰:「居! 女三人者, 吾語女禮, 使女以禮周流無不徧也.」子貢越席 而對曰:「敢問何如?」子曰:「敬而不中禮, 謂之野;恭而不 中禮, 謂之給;勇而不中禮, 謂之逆.」子曰:「給奪慈仁.」 子曰:「師, 爾過;而商也不及. 子產猶眾人之母也, 能食之 不能教也.」子貢越席而對曰:「敢問將何以為此中者也?」 子曰:「禮乎禮! 夫禮所以制中也.」『禮記·仲尼燕居』

**【국역】**

중니仲尼께서 〈조회에서 물러나〉 한가롭게 머물고 있는데, 자장子 張1)과 자공子貢2)과 언유言游3)가 〈옆에서〉 모시고 있었다. 이런저런

---

1) 자장(子張) : 성은 현손(顯孫), 이름은 사(師), 자는 子張이다. 춘추시대 진(陳)나 라 사람으로, 공문십이철(孔門十二哲) 중 한 사람이다.
2) 자공(子貢) : 성은 단목(端木), 이름은 사(賜), 자는 자공이다. 춘추시대 위(衛)나 라 사람이다. 공문십철(孔門十哲) 중 한 사람이다. 공문사과(孔門四科) 중 언어

말들을 하다가 그사이 예禮에 대한 말이 나오자 공자가 말씀하였다. "이리 앉아라! 너희 세 사람아. 내 너희에게 예에 대해 말해주어, 너희들로 하여금 예에 따라 시행하여 알맞지 않는 일이 없게끔 하겠다."라고 했다. 그러자 자공이 자기 자리를 벗어나 대답하였다. "감히 여쭙겠습니다. 예란 어떠한 것입니까?"라고 했다. 공자가 말씀하였다. "공경하지만 예에 맞지 않는 것을 '촌스럽다[野]'라고 하고, 공손하지만, 예에 맞지 않는 것을 '구변口辯이 좋다[給]'라고 하고, 용감하지만, 예에 맞지 않는 것을 '거스른다[逆]'라고 한다."고 했다. 계속하여 공자가 말씀하였다. "구변이 좋은 것은 〈겉으로는 자애로운 모습과 비슷하여 참된〉 자애로움을 어지럽힌다."라고 했다.

공자가 말씀하였다. "사師야! 너는 지나치고 상商은 미치지 못하니, 〈정鄭나라의 집정자인〉 자산子産4)은 〈지나침과 미치지 못함이 모두 있어서 지나친 점에서는 자애로움이〉 사람들의 어머니와 같아서 먹여줄 수는 있었지만 〈미치지 못한 점에서는 아버지와 같이 엄히〉 가르쳐주지는 못하였다."라고 했다. 그러자 자공이 자기 자리를 벗어나 대답하기를 "감히 여쭙겠습니다. 무엇으로 이 들어맞음[中道]으로 삼아야 합니까?"라고 하자, 공자가 말씀하였다. "예일 것이다. 예일 것

---

(言語)에 뛰어났다.
3) 언유(言游) : 자유(子游)를 이른다. 성은 언(言), 이름은 언(偃)이며, '자유'는 자이다. 언유라고도 한다. 춘추시대 오(吳)나라 사람으로, 공문칠십이현(孔門七十二賢) 중 유일한 남방 출신이다. 공문사과(孔門四科) 중 문학(文學)에 뛰어났다.
4) 자산(子産) : 춘추시대 정(鄭)나라의 집정자인 공손교(公孫僑)의 자(字)이다. 일찍이 주수(溱水)와 유수(洧水)에서 겨울에 물을 건너는 사람들을 자기가 타는 수레로 건네주었다고 한다.

이니, 무릇 예는 〈사람의 언행을〉 중도中道에 맞게끔 하는 것이다."라고 했다.

**【유가의 가르침】**

　이 짧은 일화는 공문孔門에서 '예禮'가 얼마나 핵심적인 덕목으로 자리 잡고 있었는지를 단적으로 보여준다. 스승 공자는 일상의 담화 속에서도 언제나 '예'를 일깨우는 데 소홀함이 없었다.

　공자에게 '예'란 단지 외형을 치장하는 규범이나 절차가 아니었다. 오히려 예는 인간 내면을 단정히 가다듬고, 감정과 행동의 균형을 조율하는 삶의 방식이자, 자기 자신을 잃지 않고 타인과 조화를 이루기 위한 사람의 '무늬'였다.

　공자는 말한다.

"공경하되 예를 알지 못한다면, 그것은 어리석음에 불과하다."

　이는 곧 인간됨이란 단순한 감정의 충만함만으로는 온전히 완성되지 않으며, 그 감정이 조율되고 절제되어 조화롭게 표현될 때 비로소 사람의 품격이 드러난다는 사실을 말해준다. 감정의 진실성과 표현의 정제 사이에 놓인 이 미묘한 간극을 공자는 '예禮'라는 이름으로 다듬고자 했다.

　바로 이 점에서 『논어·팔일八佾』편에서 공자가 태묘太廟에 들어가 매사에 공손히 예를 묻고 확인했던 장면을 떠올리게 한다.[5] 절차를 알지 못한 채 행하는 공경은 오히려 어설프고 어색하게 보일 뿐이다.

겉으로만 겸손할 뿐 예법을 모르면 아첨처럼 비칠 수 있고, 무턱대고 솔직하기만 하고 예를 알지 못하면 경솔함과 무례함에 빠지기 쉽다.

공자가 이처럼 구체적인 사례를 들어 제자들을 경계한 이유는, 각자의 성정과 기질에 따라 절제가 필요한 지점을 스스로 성찰하게 하기 위함이었다. 이때 자공子貢은 스승 공자에게 묻는다.

"그렇다면 구체적으로 어떻게 해야 합니까?"

공자는 간결하게 대답한다.

"예禮이다."

표면적으로는 이 짧은 대답이 순환 논리처럼 들릴 수도 있다. 그러나 그 내면에는 깊은 철학이 담겨 있다. '예' 자체가 곧 해답이라는 것이다. 예란 어떤 상황에도 획일적으로 적용되는 정해진 행동 강령이 아니다. 그것은 사람이 매 순간의 상황과 관계 속에서 스스로를 조율하고, 마음의 균형을 찾아가는 실천적 능력이자 내면의 질서이

---

5) 공자(孔子)께서 태묘(大廟)에 들어가 제사를 도우면서 매사(每事)를 물으시니, 어떤 사람이 말하였다. "누가 추(鄹) 땅 사람의 아들이 예(禮)를 잘 안다고 하였는가? 태묘(大廟)에 들어가 매사(每事)를 묻는구나." 공자(孔子)께서 이 말을 들으시고 말씀하셨다. "이것이 바로 예(禮)이다."(子入大廟, 每事問. 或曰 :「孰謂鄹人之子知禮乎? 入大廟, 每事問.」子聞之曰 :「是禮也.」)

다. 즉 중도中道에 입각한 중용中庸의 실천이다.

공자에게 예는 죽은 규범이 아닌, 살아 있는 이치理였다. 외형을 강제하는 규범이 아니라, 내면에서 자라나는 절제와 조화의 감각이었다. 인간은 누구나 본능적으로 '어떻게 살아야 하는가?'를 고민하는 존재이며, 그 물음에 답하기 위한 여정에서 '예'는 하나의 방향타로 작용한다.

만약 성찰 없이 살아간다면, 아무리 많은 규범과 법률이 존재해도 인간은 여전히 방황할 수밖에 없다. 나라마다 예법과 관습은 다르지만, 모든 문화 속에 공통적으로 흐르는 본질은 같다. 인간은 언제나 자문해야 한다.

"나는 지금, 예를 알아 예를 따르고 있는가?"

이는 무조건 자유롭게 행동하라는 말이 아니다. 오히려 사회적 약속과 윤리의식 안에서 '무엇을 따라야 하고, 무엇을 거부해야 하는가?'를 스스로 분별할 줄 아는 능력을 뜻한다. 예를 아는 사람은, 정당한 질서를 지키되 부당한 관습에 맞설 줄 알고, 그것이 '편리便利' 때문이 아니라, '마땅함宜'에 근거한 선택임을 자각하며, 책임 또한 기꺼이 감수한다. 바로 그때, 예는 외형의 틀이 아니라 마음 깊은 곳에서 뿌리를 내린 하나의 인격으로 완성된다.

공자가 말한 '예禮'는 단순한 규범이나 관습의 틀이 아니었다. 그것은 인간이 인간다움을 잃지 않기 위해 반드시 품어야 할 내면의 숨결이자, 삶의 호흡 속에서 살아 움직이는 질서였다. 고정된 형식이 아니라, 매 순간 살아 있는 윤리의 감각으로 작동하는 '생명의 규칙'이었던 것이다.

『논어』 곳곳에 흩어져 있는 공자의 언행 속에서도 우리는 이러한 예의 본질을 반복적으로 확인할 수 있다.

"예에 맞지 않으면 보지도, 듣지도, 말하지도, 행동하지도 말라."

非禮勿視, 非禮勿聽, 非禮勿言, 非禮勿動.[6]

이는 단지 형식적 절제만을 의미하지 않는다. 보다 근원적인 뜻은, 마음의 중심을 잃지 않고 살아가는 삶의 방식에 있다. '예'는 외부로부터 주어진 억압이 아니라, 자기 안에 세운 경계이며, 바로 그 경계

---

6) 안연(顏淵)이 인(仁)에 대해 묻자, 공자께서 말씀하셨다. "자기의 사욕(私慾)을 이겨 예(禮)로 돌아가는 것이 인(仁)이니, 하루라도 사욕(私慾)을 이겨 예(禮)로 돌아가면, 천하 사람들이 모두 그 인(仁)을 허여한다. 인(仁)을 하는 것은 자신에게 달려 있는 것이지, 남에게 달려 있는 것이겠는가?" 안연이 "그 실천 조목(條目)을 묻습니다." 하고 말하자, 공자께서 말씀하셨다. "예(禮)가 아니면 보지 말며[非禮勿視], 예가 아니면 듣지 말며[非禮勿聽], 예가 아니면 말하지 말며[非禮勿言], 예가 아니면 움직이지 말아야 한다[非禮勿動]." 안연이 말하였다. "제가 비록 불민(不敏)하나 이 말씀을 따라 실천하겠습니다."(顏淵問仁. 子曰 :「克己復禮爲仁. 一日克己復禮, 天下歸仁焉. 爲仁由己, 而由人乎哉?」顏淵曰 :「請問其目.」子曰 :「非禮勿視, 非禮勿聽, 非禮勿言, 非禮勿動.」顏淵曰 :「回雖不敏, 請事斯語矣.」, 『논어·안연(顏淵)』).

안에서 인간은 자유롭고 품위 있게 살아갈 수 있다.

  공자는 평생 '예'를 강조했지만, 그것을 고정된 규칙이나 사치스러운 외형으로 만들지 않았다. 그는 말했다.

  "예는 사치하기보다 검소한 것이 낫다."

  禮, 與其奢也, 寧儉.[7)]

  그에게 중요한 것은 형식보다 본질, 외양보다 마음의 진실이었다.

  오늘날 우리는 때때로 '예'를 시대에 뒤떨어진 형식주의로 오해한다. 그러나 공자가 말한 '예'는 삶의 깊은 존중에서 비롯된 태도였다. 그것은 타인을 향한 조심스러운 몸가짐이자, 말 한마디의 무게를 되새기는 성찰이며, 스스로의 감정을 조율할 줄 아는 자발적인 절제였다.

  '예'는 나를 억누르기 위한 도구가 아니라, 나를 지키는 울타리다. 예가 무너지면 인간은 스스로를 잃는다. 방종과 오만은 결국 공동체 전체를 위협하며, 인간 사이의 신뢰와 질서를 무너뜨린다. 공자는 이 점을 누구보다 깊이 통찰했기에, 예를 인간과 인간 사이를 잇는

---

7) 노(魯)나라 사람 임방(林放)이 예(禮)의 근본에 대해 묻자, 공자께서 말씀하셨다. "훌륭하다, 질문이여! 예(禮)는 사치하기보다는 차라리 검소한 것이 낫고, 상(喪)은 형식적으로 잘 치르기보다는 차라리 슬퍼하는 것이 낫다."(林放問禮之本. 子曰：「大哉問! 禮, 與其奢也, 寧儉 ; 喪, 與其易也, 寧戚.」, 『논어·팔일(八佾)』).

교량橋梁이자, 자신을 세우는 근간으로 삼았다.

이제 우리 스스로에게 물어야 한다.
나는 내 안에 살아 있는 '예'를 지니고 있는가?
보이지 않는 곳에서도, 혼자 있는 순간에도, 나는 나를 조율할 수 있는가?
나의 예는 지금도 살아 숨 쉬고 있는가?

'예禮'란, 자신을 잃지 않고 타인과 함께 살아가는 삶의 나침반이다.
그것이 바로 공자가 말한 인간됨의 본질이며, 오늘 우리가 다시 되새겨야 할 '사람의 무늬'이다.

# 예는 경계境界가 아니라 교량橋梁이다

【원문】

事親有隱而無犯, 左右就養無方, 服勤至死, 致喪三年. 事君有犯而無隱, 左右就養有方, 服勤至死, 方喪三年. 事師無犯無隱, 左右就養無方, 服勤至死, 心喪三年.『禮記·檀弓上』

【국역】

　　부모를 섬길 때에는 조심스럽게 간언隱을 올리고 면전에서 허물을 직접적으로 지적함이 없으며, 좌우로 나아가 봉양을 하되 특별히 정해진 제한이 없고, 힘든 일에 복무하며 목숨을 바쳐서 하고, 부모가 돌아가셨을 때에는 상례喪禮의 법도를 지극히 하여 삼년상을 치른다.

　　군주를 섬길 때에는 면전에서 허물을 직접적으로 지적하고 허물을 덮어주는 일이 없으며, 좌우로 나아가 봉양을 할 때에는 특별히 정해진 제한이 있고, 힘든 일에 복무하며 목숨을 바쳐서 하고, 군주가 돌아가셨을 때에는 부모에 대한 상례에 견주어서 삼년상을 치른다.

　스승을 섬길 때에는 면전에서 허물을 지적하는 일도 없고 허물을 덮어주는 일도 없으며, 좌우로 나아가 봉양을 할 때에는 부모에 대한 경우와 마찬가지로 특별히 정해진 제한이 없고, 힘든 일에 복무하며 목숨을 바쳐서 하고, 스승이 돌아가셨을 때에는 심상心喪의 방법으로 삼년상을 치른다.

**【유가의 가르침】**

　조심스레 간언하는 것을 '은隱'이라 하고, 정면으로 지적하는 것을 '범犯'이라 한다.

　이 짧은 문장은 유가儒家 사상에서 '예禮'의 작동 원리를 가장 압축적으로 보여주는 문장 가운데 하나이다. 고대 유가는 세 가지 관계—부자父子, 군신君臣, 사제師弟—를 중심으로 예의 방식이 어떻게 다른지를 섬세하게 설명하고 있으며, 각 관계는 서로 다른 정서적 뿌리와 사회적 위상을 지니고 있다. 따라서 간언의 방식 역시 다를 수밖에 없다. 이러한 차별적 예법은 단순히 언행의 태도를 규정하는 것이 아니라, 정서적 밀도와 사회적 위상에 따라 감정을 어떻게 조율하고 표현할 것인가에 대한 윤리적 성찰의 소산이다.

　부자 관계는 은혜恩惠를 근간으로 한다. 그러므로 자식이 부모에게 정면으로 허물을 지적하는 '범犯'의 방식은 마땅치 않다. 이는 자칫 부모의 위엄과 은혜를 해치는 무례가 될 수 있기 때문이다. 그러므로 '은隱', 즉 조심스럽게 암시하거나 간접적인 태도로 자신의 뜻을 전달해야 한다.

반면, 군신 관계는 의義를 바탕으로 한다. 군주의 과오에 대해 신하가 이를 숨기거나 완곡히 돌려 말하는 것은 정의를 저버리는 행위이며, 공적 책임을 방기放棄하는 결과를 초래한다. 그러므로 신하의 간언은 '직直'하고 '범犯'하는 방식, 즉 위험을 무릅쓴 정직한 고언이어야만 한다.

스승과 제자의 관계는 또 다르다. 스승은 도道를 소유한 존재이며, 제자는 이를 배우는 자다. 이 관계에서는 간언이나 비판이 아니라, 묻고 따르며 이해하려는 태도가 중심이 된다. 여기에는 '은隱'도 '범犯'도 없다. 단지 배움과 의문의 선순환이 있을 뿐이다.

이처럼 예는 관계에 따라 변한다. 그것은 고정된 형식이 아니라, 정서의 농도와 사회적 위계에 따라 달리 발현되는 '조율의 기술'이다.

그렇다면 '예禮'란 과연 무엇인가?

스스로 '예의지국禮義之國'이라 자처해 온 문화 안에서 살아온 우리에게, 이 질문은 역설적으로 결코 가볍지 않다. 예는 너무도 익숙하여 생활 전반에 스며 있지만, 정작 그 실체에 대한 자각은 희미하다. 예를 제대로 이해하기 어려운 까닭은, 그것이 단순한 '예절'이나 '형식'을 넘어서, 삶의 윤리와 인정人情, 사회 질서와 정치적 장치까지 아우르는 복합적 개념이기 때문이다.

서구의 문화권에서도 '예禮'는 낯설고 이해하기 어려운 개념이다. 예는 종교 의례와 닮아 있으면서도 법적 규범과 통치 질서의 일부이며, 동시에 개인의 도덕성과 공동체의 정서를 매개하는 역할을 수행한다. 그러므로 예는 단지 '예의禮儀'나 '예식禮式'으로 만 규정할 수 없다. 그것은 하나의 언어로 환언換言할 수도 없는, 총체적이고 다층적인 문화 문법이다.

『예기·단궁』편에 나타난 짧은 일화는 이러한 '예'의 성격을 가장 잘 드러낸다. 그 일화 속에 언급된 세 인물—부모, 군주, 스승—은 각각의 방식으로 인간의 삶에 깊은 은혜를 베푼 존재들이다. 부모는 생명을 주었고, 스승은 도리를 가르쳤으며, 군주는 안정을 보장했다. 따라서 이들을 대하는 예의 방식은 각각 달라야 한다. 동일한 형식을 취하더라도, 정情의 무게와 표현의 방식은 관계의 결에 따라 달라질 수밖에 없다.

이러한 점은 상례喪禮에 더욱 분명하게 나타난다. 부모를 위한 삼년상은 자식으로서의 진심 어린 슬픔과 은혜에 대한 응답으로 드리는 예이지만, 군주를 위한 삼년상은 공동체의 윤리를 위한 제도적 상례이다. 스승을 위한 애도는 제자 각자의 정의 깊이와 삶의 맥락에 따라 다양하게 나타난다. 따라서 애도의 형식보다 더 중요한 것은 '정情의 진실성'이며, 예는 바로 그 정을 형식으로 가다듬고 조율하는 도구이다.

결국 예란 무엇인가?

예는 '정情의 절문節文'이다. 즉 인정人情의 흐름에 문장과 질서를 부여하는 문화적 장치다.

예는 형식이다. 그러나 그것은 인간의 감정을 억누르기 위한 것이 아니라, 감정이 무디지도, 넘치지도 않게 다듬기 위한 형식이다.

예는 규칙이다. 그러나 그것은 사람을 통제하는 법이 아니라, 사람의 존엄을 보호하기 위한 질서이다.

예는 제도이자 의식이다. 하지만 동시에, 그것은 인간이 인간을 향해 품는 존중과 정성의 표현이다. 그리고 그 표현을 가장 섬세하고 아름답게 실현하기 위한 인간의 지혜이다.

『예기·단궁』편의 일화는 마지막으로 우리에게 조용히 묻는다.

"그대는 누구에게, 어떤 마음으로 예를 갖추고 있는가?"

이 물음은 단지 의례의 형식을 묻는 것이 아니다. 그것은 곧 "그대는 사람과 사람 사이의 관계 속에서, 어느 정도의 정情과 진실을 품고 살아가고 있는가?"를 묻는 것이며, 동시에 "그 정을 어떻게 조율하고, 어떻게 표현할 것인가?"라는 물음이다.

예는 경직된 절차가 아니다. 그것은 사람과 사람 사이의 정(情)을 공유하고, 그 정을 질서 있게 표현하게 만드는, 살아 있는 윤리적 장치다. 유가는 그것을 '예'라 불렀다.

그렇다면 '예'의 본질은 과연 어디에 있는가?

예는 단순한 외형적 형식이 아니다. 그것은 형식과 내용, 감정과 질서, 자유와 절제 사이를 조율하는 인간 내면의 교양이자 문화적 통찰이다. 고대 유학에서 말하는 예는, 단순히 의례의 순서를 따르는 것을 넘어서 인간 존재의 감정과 윤리를 조율하는 '마음의 문법'이자 '관계의 기술'이다.

『예기』에서 말하듯, 예는 '하늘과 땅의 질서를 본받아 인간 사회의 질서를 세우는 것'이다. 이는 단지 상하와 좌우의 공간 질서를 정하는 것이 아니라, 사람과 사람 사이의 정情의 거리를 설정하고, 그 거리 속에서 마땅히 취해야 할 언행의 균형을 정립하는 일이다. 곧 예는 감정의 억압이 아니라, 감정의 '다듬음'이다. 사랑이 넘쳐 무례해지지 않게 하고, 분노가 뜨거워 불의에 이르지 않도록 절도와 방향을 부여하는 것이 바로 예의 기능이다.

예는 때로 법보다 더 정밀하고, 규범보다 더 유연하다. 법은 일률적이며 사후적으로 작동하지만, 예는 관계의 실시간 흐름 속에서 감정의 뉘앙스를 가늠하고 즉시 반응할 수 있는 윤리적 직관의 체계다. 어떤 말은 해도 괜찮지만, 지금 이 자리에서는 하지 않아야 하며, 어떤 행동은 정의롭지만, 그 순간에는 감정을 상하게 할 수 있기에 멈추어야 한다. 예는 바로 그 판단을 가능케 한다.

이 점에서, 예는 일종의 정情의 시학이자 관계의 미학이다. 그것은 인간 내면의 진실한 감정을 억누르거나 감추게 하는 것이 아니라, 그 감정이 상대와의 관계 안에서 조화롭게 표현되도록 인도한다. 말하자면, 예는 감정과 행위 사이에 '지나치지도 모자라지도 않는' 적절함을 찾는 노력이며, 인간 삶을 미적으로 완성시키는 질서의 언어다.

또한, 예는 단지 상대를 위한 형식이 아니라, 자기 자신을 갈무리하는 방식이기도 하다. 공자는 "예를 배우지 않으면 설 수 없다(不學禮, 無以立)"고 하였다. 여기서 '설 수 없다'는 것은 단지 사회적으로 존립할 수 없다는 뜻만이 아니라, 자기 자신을 하나의 인격으로 세우지 못한다는 뜻이다. 곧, 예는 타자를 위한 형식이자, 동시에 '자기다움'을 형성하는 윤리적 틀이다.

 이처럼 예는 단순히 '어떻게 행동할 것인가'의 문제가 아니라, '어떤 사람으로 존재할 것인가'의 문제로 이어진다. 그 사람이 가진 감정의 품격, 관계를 대하는 태도, 그리고 순간순간의 선택에 담긴 지혜의 밀도가 모두 예를 통해 드러난다. 그리하여 예는 규범이 아니라 삶을 통과하는 방식이며, 사람의 무늬를 결정짓는 방식이다.

# 형식을 넘어선 인간다움의 언어
— 예禮

【원문】

曾子曰 :「晏子可謂知禮也已, 恭敬之有焉.」有若曰 :「晏子一狐裘三十年, 遣車一乘, 及墓而反 ; 國君七个, 遣車七乘 ; 大夫五个, 遣車五乘, 晏子焉知禮?」曾子曰 :「國無道, 君子恥盈禮焉. 國奢, 則示之以儉 ; 國儉, 則示之以禮.」
『禮記·檀弓下』

【국역】

  증자曾子가 말하기를 "〈齊나라 대부〉 안자晏子[1]는 예禮를 안다고 평가할 만하니, 공경하는 마음이 있기 때문이다." 하자, 유약有若이 말하였다. "안자는 한 벌의 여우 갓옷을 30년 동안이나 입었으며,〈대부인 아버지의 장례에 견전遣奠 때 올린 희생의 다리를 실은〉견거遣車가 1대였으며,〈아버지의 장례 때〉하관이 끝나자마자 〈폐백을 올

---

1) 안자(晏子) : 춘추시대(기원전 578년 ~ 기원전 500년) 제나라에서 제후장공과 제경공을 섬긴 명신. 자는 평중(平仲). 흔히 안자(晏子)로도 알려져 있다.

려 아버지에게 작별 인사를 드리지도 않고 손님들과 인사도 하지 않고서〉 바로 돌아왔다. 군주는 〈견전 때 올린 희생의 다리를 담은 바구니가〉 7개라 견거가 7대이고, 대부는 5개라 견거가 5대인데, 〈안자는 견거를 1대만 사용했으니〉 안자가 어찌 예를 안다고 할 수 있겠는가?"라고 했다. 증자가 말하였다. "나라에 도가 없으면 군자는 예법을 완전하게 구비하는 것을 치욕스럽게 여기니, 나라가 사치하면 검소함으로써 보여주고 나라가 검소하면 예로써 보여주는 것이다."라고 했다.

**【유가의 가르침】**

안자晏子에 관한 기록은 선진先秦 시대의 다양한 문헌에서 빈번히 언급되며, 『좌전左傳』, 『논어』, 『한비자』, 『안자춘추晏子春秋』 등에 보인다. 사마천司馬遷은 『사기』 「관안열전管晏列傳」에서 안자를 관중管仲과 나란히 서술하며, 그를 인재를 알아보고 적재적소에 등용하는 지혜로운 인물로 그렸다. 사마천의 서술은 안자의 정치적 성과보다는 월석부越石父를 구출한 일화, 어자御者를 천거한 이야기 등, 일견 사소해 보일 수 있는 장면들을 통해, 안자의 겸허함과 예우의 태도, 그리고 탁월한 인물 식별력을 강조한다.

선진 문헌들이 공통적으로 묘사하는 바에 따르면, 안자는 유머와 기지를 겸비한 인물로서, 상황에 따라 유연하게 대처할 줄 아는 지혜로운 재상이다. 예컨대 그는 장공莊公의 시신 앞에서 예를 다한 후 곡을 하고 물러나, 권력자의 눈치를 보기보다 군주에 대한 충성을 실천한 뒤 떠나는 결단을 보였다. 또한 외교 사절로 외국을 방문했을 때 타국 신하들의 조롱을 재치 있게 받아치며, 오히려 제齊나라의 위엄을 드러내기도 했다. 이러한 행위는 안자가 단지 정치적 기능인에 그치지 않고, 시대의 윤리를 구현하는 인물임을 말해준다.

『예기』의 해당 기록에서 증자曾子와 유약有若은 안자晏子가 예禮를 아는 인물인가를 두고 의견을 나눈다. 증자는 안자가 예를 안다고 보았는데, 이는 그가 일관되게 겸손한 마음과 공손한 태도를 실천했기 때문이라고 하였다. 반면 유약은 안자가 30년간 여우 가죽으로 만든 옷을 입었으며, 상례喪禮를 치를 때에도 당시의 예법을 따르지 않았다는 점을 들어, 그가 예를 알지 못한다고 비판한다. 유약의 지적은 안자의 상례 준비가 예제禮制에 부합하지 않았다는 데 집중되어 있지만, 증자는 이와 달리 "나라에 도道가 있을 때"와 "나라에 도가 없을 때"의 상황적 차이를 근거로 안자를 변호한다. 즉 나라가 도를 잃고 사치가 만연할 때에는 예를 철저히 따르는 것보다 검소함을 앞세워 세태를 경계해야 하며, 반대로 나라에 도가 있을 때는 예법의 형식을 충실히 따르는 것이 마땅하다는 것이다.

결국 증자와 유약은 안자에 대한 평가의 관점에서 뚜렷한 차이를 보인다. 유약은 예의 외형과 규범의 일관성에 집중하면서, 안자가 제도의 형식을 벗어났다고 보아 부정적 평가를 내렸고, 반면 증자는 안자의 실천이 그 시대의 사회 풍조, 곧 지나친 사치에 대한 비판적 대응으로서 이루어진 것이며, 예의 정신을 구현한 결과라고 보았다. 다시 말해, 증자는 '권도權道'의 관점에서 예를 이해했고, 유약은 '성문成文 규범'의 측면에서 예를 바라보았던 것이다. 그러나 『예기』의 전반적 맥락과 유가 전통에서 강조된 바와 같이, 예에 있어서는 사치스러움보다 검소함이 낫다고 하였으니[2], 안자에 대한 증자의 해석이 보다 정당하다고 볼 수 있다.

실제로 증자는 안자의 검소한 행위가 단순한 절약이 아니라, 시대의 흐름을 바로잡고자 하는 의도에서 비롯된 것이며, 예를 안다는 평가는 오히려 그 근본정신에 충실한 판단이라 여겼다. 증자는 안자의 '공경恭敬'의 실천을 중심으로, 예의 본질적 기준에 근거해 그를 긍정적으로 평가한 것이며, 반대로 유약은 지나친 검소함이 예의 형식을 해친다고 보았기에 그를 부정적으로 본 것이다.

이와 관련하여 공자孔子는 다음과 같은 균형의 원칙을 제시하였다.

"사치스럽게 되면 불손해지고, 지나치게 검소하면 고루해지는데, 불손해지기보다는 차라리 고루한 것이 낫다."[3]

또한 "안평중晏平仲은 조상에게 제사를 지냄에, 희생물로 올린 돼지고기의 어깨 부위가 두豆 만큼도 다 채우지 못했으니, 현명한 대부大夫였지만, 아래에 있는 자들을 어렵게 만들었다."[4]라고도 하였다.

---

2) 『논어·팔일(八佾)』: 林放問禮之本. 子曰 :「大哉問! 禮, 與其奢也, 寧儉 ; 喪, 與其易也, 寧戚.」

3) 『논어·술이(述而)』: 子曰 :「奢則不孫, 儉則固. 與其不孫也, 寧固.」

4) 『예기·잡기하(雜記下)』: 晏平仲祀其先人, 豚肩不掩豆. 賢大夫也, 而難為下也. 君子上不僭上, 下不偪下.『예기·예기(禮器)』: 晏平仲祀其先人, 豚肩不揜豆 ; 浣衣濯冠以朝, 君子以為隘矣.

이는 검소함이 사치로 인해 범하게 되는 실례失禮를 피하는 데는 유익하나, 지나치면 또한 예의 본래 취지에서 벗어날 수 있음을 경계하는 말이다.

결론적으로 증자와 유약은 각각 예의 다른 한 측면에 집중한 평가를 내린 것이다. 증자는 본질과 정신에, 유약은 규범과 형식에 기준을 두었기에 해석의 지점이 달랐다. 이러한 상반된 시각은 안자에 대한 과소 혹은 과대평가로 이어졌고, 오직 공자의 말만이 형식과 본질 사이의 균형을 회복하는 정당한 판단이라고 할 수 있다.

유가儒家의 '예禮'에 대한 태도는 공자孔子로부터 일관되게 전승되어 왔으며, 무엇이 변하고 무엇이 변하지 않아야 하는지를 명확히 구분해 왔다. 즉 예는 시대의 흐름과 사회적 조건에 따라 외형적 형식은 변화할 수 있으나, 그 내면의 본질은 결코 흔들려서는 안 된다는 것이다. 『예기』에 나타난 증자曾子와 유약有若의 논쟁 속에서도 이러한 유가적 인식의 핵심이 드러난다. 안자晏子의 상례喪禮 집행 방식은 당시의 엄격한 예제에 비추어 다소 이탈한 것으로 보일 수 있으나, 증자는 그러한 행위의 이면에 놓인 사회적 맥락을 중시하였다. 그는 제나라의 과도한 사치를 바로잡기 위한 안자의 의도적 실천으로 이를 이해하였고, 오히려 그 검소한 행위야말로 예의 정신을 구현하는 방식이라 보았다.

실제로 안자는 장례를 치를 때 수레 한 대만 보내고, 하관下棺이 끝나자 즉시 돌아갔다. 이러한 행위는 예의 형식적 완결성을 따르지 않았다고 비판받을 수 있으나, 증자의 해석대로라면 오히려 시대의 병폐를 교정하고 예의 본령本領을 복원하려는 도덕적 실천의 표현이었다.

　이러한 관점은 오늘날의 장례문화를 둘러싼 논의에서도 유의미한 시사점을 던진다. 어떤 이는 여전히 풍수를 중시하여 전통적 매장 방식을 고수하는 반면, 또 다른 이는 환경보호나 생태윤리를 중시하여 수목장이나 자연장을 선택하기도 한다. 이러한 다양한 양상은 장례 방식의 변화가 시대적 필요에 따라 얼마든지 조정될 수 있음을 보여준다. 중요한 것은 그 형식이 아니라, 장례의 본래 목적―즉, 고인을 경건히 기리고 유족의 애도를 도우며, 생과 사를 잇는 예의 정신을 실천하는 데 있다. 낭비를 경계하고 본의本義를 지키는 한, 어떤 방식을 택하든 그것은 타당하며 존중받아야 할 선택이다.

　결국 "안자晏子가 예를 안다"는 평가는, 그가 단지 형식적인 예법을 충실히 따랐는가의 여부를 묻는 것이 아니라, 예의 본질을 꿰뚫는 통찰과 그것을 시대적 상황에 맞게 조화롭게 실현한 능력을 인정하는 것이어야 한다. 증자가 안자의 겸양과 공경을 높이 평가한 이유 또한 여기에 있다. 예의 진정한 가치는 겉으로 드러나는 의례의 준수 여부에 있는 것이 아니라, 그것이 과연 당대의 도덕적 맥락과 사회적 책임에 부합하는지를 살펴보는 데 있다.

　유약이 예의 외형적 준수 여부를 기준 삼아 안자를 비판했다면, 증자는 예의 정신적 핵심―즉 인간에 대한 존중과 사회에 대한 성찰―을 바탕으로 안자의 행위를 평가하였다. 이러한 관점의 차이는 유가儒家 사상이 지향해 온 '예'의 본령이 무엇인지, 다시 말해 그것이 단지 규범의 틀에 갇힌 외형이 아니라, 시대를 향한 윤리적 응답이자 인간다움의 실천이라는 점을 분명히 드러낸다.

따라서 안자는 예의 형식을 초월하여 그 본질을 삶 속에서 유연하게 구현해낸 존재로 보아야 한다. 그의 행위는 예의 외적 규범을 넘어, 그 내면의 도덕성과 시대적 책임감에 부응하고자 한 실천이었다. 이러한 점에서 안자의 모습은 오늘날에도 여전히 "예란 무엇인가?"라는 물음 앞에서 깊은 성찰을 자아낸다.

시대는 흐르고 제도는 달라질 수 있으나, 예의 근본정신은 인간 삶의 근저를 지탱하는 윤리적 기조로서, 시공을 초월해 지속되어야 할 인간다움의 언어인 것이다.

# 감정과 예禮의 경계에서
— 유자와 자유의 문답

【원문】

有子與子游立, 見孺子慕者, 有子謂子游曰：「予壹不知夫喪之踊也, 予欲去之久矣. 情在於斯, 其是也夫?」子游曰：「禮：有微情者, 有以故興物者；有直情而徑行者, 戎狄之道也. 禮道則不然, 人喜則斯陶, 陶斯咏, 咏斯猶(요, 搖), 猶(요)斯舞, 舞斯慍, 慍斯戚, 戚斯歎, 歎斯辟(벽), 辟斯踊矣, 品節斯, 斯之謂禮. 人死, 斯惡(오)之矣, 無能也, 斯倍之矣. 是故, 制絞(효)衾, 設蔞翣, 為使人勿惡(오)也. 始死, 脯醢之奠；將行, 遣而行之, 既葬而食之, 未有見其饗之者也；自上世以來, 未之有舍也, 為使人勿倍也. 故子之所刺於禮者, 亦非禮之訾也.」『禮記·檀弓下』

【국역】

    유자有子[1]가 자유子游[2]와 함께 서 있었는데, 그때 마침, 어린아이

---

1) 유약(有若 기원전 518년 ~ 기원전 458년), 자(字)는 자유(子有)로 노(魯)나라 사람으로 알려져 있다. 공자의 제자이다. 당(唐) 현종(玄宗)은 '변백(汴伯)'으로

가 부모를 그리워하며 울부짖는 모습을 보게 되었다. 유자가 자유에게 말하길 "나는 항상 상례에 용踊을 왜 하는지 이유를 알지 못하여 오래전부터 이것을 규정에서 제거하고자 했었다. 그런데 저 어린아이가 울부짖는 것처럼, 용踊에도 그 애통한 마음이 나타나는 것이로구나!"라고 하였다. 그러자 자유가 말하였다. "예에는 〈현자는 정에 지나쳐 필시 목숨을 잃을 정도로 슬퍼할 것이기에 곡용哭踊의 제한을 둔 것처럼〉 그 과도한 감정을 줄이는 경우도 있고, 〈불초한 자는 정에 미치지 못할까, 우려하여 상복이나 질대絰帶 같은 물건으로〉 이것을 통해 슬퍼하는 마음을 북돋는 경우도 있으니, 자기감정대로 곧장 행하는 것은 오랑캐들이나 따르는 도리에 해당한다. 〈선왕이 제정한〉 예의 도리에서는 그렇지 않다. 사람이 기쁘면 〈다 펴지 못해〉 답답해지고, 답답하면 노래하고 읊조리게 되고, 노래하고 읊조리다 보면 몸을 흔들게 되고, 몸을 흔들다 보면 〈일어나〉 춤을 추게 되고,

---

존칭한 바 있고, 송(宋) 진종(眞宗)은 '평음후(平陰侯)'로 봉한 바 있으며, 명(明) 가정제(嘉靖九年)는 선현(先賢) '유자(有子)'로 개칭하여 존칭하였다. 맹자 등문공상(滕文公上)에 전하는 바에 따르면, 유약(有若)이 공자와 (여러모로 행실을 따라) 닮았기에 공자의 사후 자하(子夏), 자장(子張), 자유(子游) 등이 공자 대신 유약(有若)을 모시려고 했지만, 자여(子輿)가 이를 비판했다고 한다.

2) 언언(言偃, 기원전 506년 ~ 기원전 443년), 공자의 제자 중 한 사람. 성은 언(言), 이름도 언(偃), 자(字)는 자유(子游)이기 때문에 주로 자유라는 이름으로 문헌에 자주 등장한다. 오나라 사람으로 공문십철뿐 아니라 72현 중에서도 유일한 강남 지역 출신이다. 공자 사후 고향인 장강 남쪽으로 돌아가 유교를 퍼뜨렸기 때문에 유교의 외연을 넓히는데 크게 이바지한 인물이다. 그래서 훗날 남방부자(南方夫子)라고 불리게 되는데, 공자가 공부자(孔夫子)라고 불린 걸 생각하면 상당한 경칭이다. 그래서 당나라 때는 오후(吳侯)로, 송나라 때는 오공(吳公)으로까지 칭호가 상승한다.

춤을 〈절제 없이〉 추다 보면 〈지치고 피곤해〉 성이 나고, 성이 나면 서글퍼지고, 서글퍼지면 탄식하게 되고, 탄식하다 보면 가슴을 치게 되고, 가슴을 치다 보면 발을 구르게 되니, 이것을 절제하는 것을 예禮라 한다. 사람이 죽으면, 다른 사람들은 그를 꺼리게 된다. 〈죽은 사람은〉 아무것도 할 수 없으므로 다른 사람들은 그를 저버리게 된다. 이 때문에 〈성인은 시신을 치장하는〉 이불과 끈을 만들며 널을 덮는 상여 틀翣과 삽翣을 설치하는 것은 사람들로 하여금 죽은 자를 꺼리지 않게 하기 위한 것이다. 어떤 자가 이제 막 죽었을 때 〈평소 먹던〉 포와 젓갈 등을 차려서 음식을 진설하고, 장례를 치르려고 할 때에는 견전遣奠을 지낸 뒤에 그 희생물의 고기를 포장하여, 견거遣車에 실려 함께 보내게 되고, 장례를 끝내게 되면 우제虞祭를 치르면서 음식을 대접하게 된다. 그러나 일찍이 신神들이 직접 찾아와서 이러한 음식을 흠향하는 것을 보았던 자가 없지만, 상고 시대에 예를 제정했을 때부터 그 이후로 이러한 예법을 폐한 자가 없었다. 그 이유는 이러한 예법 절차를 시행하게 되면, 근본에 보답하고 시초를 반추하는 생각을 그만둘 수 없기 때문이다. 따라서 성인이 이러한 예법을 제정하여, 사람들로 하여금 죽은 자를 등지지 않게끔 했던 것이다. 그러므로 그대가 상례의 절차 중 용(踊)에 대해서 비판하며, 그 규정을 제거하려고 했지만, 용踊은 또한 예의 잘못된 허물이 아니다."라고 하였다.

**【유가의 가르침】**

『예기禮記』에 전해지는 유자有子와 자유子游의 짧은 문답은, 인간의 감정과 형식의 관계를 둘러싼 유가儒家의 깊은 사유를 응축하고 있다. 이 문답은 단지 한 시대의 예법에 관한 논의가 아니라, 감정이라는 인간의 내면적 진실이 어떻게 사회적 맥락 속에서 다듬어지고, 조율되어야 하는가에 대한 보편적 질문을 던진다.

이야기는 한 장면에서 시작된다.
한 아이가 부모를 잃고 울고 있다. 그 울음은 절절하다. 울먹이는 얼굴, 떨리는 어깨, 부모를 향해 뻗는 손길. 이러한 진심 어린 절규를 마주한 유자는 마음이 아렸다. 그리고 그 마음 끝에서 질문이 피어난다.

"이토록 자연스러운 슬픔을, 예禮라는 이름으로 억누르는 것이 과연 옳은가?"

유자의 물음은 『예기』에 담긴 상례喪禮의 규범이 지나치게 엄격하여, 오히려 진정한 감정의 표현을 억압하고 있는 것이 아니냐는 의심에서 비롯된다. 그러나 자유는 다른 시선으로 그 상황을 바라본다. 그는 조용히 반문한다.

"그 감정은, 어디까지가 진실이며, 어디부터 통제가 불가능하게 되는가?"

자유는 말한다. 사람은 처음에는 진심에서 우러난 감정을 따라 움직인다. 그러나 그 감정을 방임한 채 적절한 정화 없이 따르기만 한다면, 어느 순간 그것은 사람을 이끄는 것이 아니라, 사람을 압도하고 파괴하는 도구로 전락한다.

감정은 인간다움의 근거다. 우리는 감정이 있어야 사람다운 삶을 유지할 수 있다고 믿는다. 그러나 우리는 종종, 자신을 감정의 주체라고 착각한다. 오늘날 우리는 감정을 자유롭게 표현하는 것을 미덕으로 여긴다. 억눌림 없는 정서의 발현, 솔직함과 진정성의 가치가 강조되는 시대 속에서, 감정을 절제하라거나 일정한 형식 속에서 표현하라는 요구는 종종 구시대의 억압처럼 보이기도 한다. 그러나, 정녕 그러한가?

감정의 자연스러움은 그 자체로 아름답지만, 그것이 곧 '옳음'을 보장하지는 않는다. 정직한 감정이라 하여 항상 타당하거나 조화롭게 작용하는 것은 아니다. 오히려 감정이 형식과 분리될 때, 감정은 공유될 수 없는 고립된 독백이 되며, 슬픔은 절규로, 분노는 파괴로, 기쁨조차 타인을 소외시키는 과잉으로 전락하기도 한다. 감정은 개인적인 것이지만, 그 표현은 언제나 사회적이고 윤리적인 행위다. 그리하여 예禮는 우리에게 질문을 던진다.

"감정이라는 내면의 진실을 왜곡하지 않으면서, 그것이 타인의 마음과 공명共鳴할 수 있으려면, 어떤 형식을 통해 그 표현을 세상과 조화시킬 수 있을까?"

자유는 말한다. 감정은 진실에서 출발하지만, 형식을 만나지 않으면 혼란이나 파괴로 이어질 수 있다. 우리는 자신을 감정의 주체라고 믿지만, 실은 감정에 의해 조종되는 경우가 더 많다. 자율이라 믿고 내뱉은 말이, 실은 내면의 불안과 충동의 결과였음을 뒤늦게 깨닫는 경우도 허다하다. 예는 이러한 인간의 한계를 인정한다. 그래서 강요하지 않고, 질문을 던지는 방식으로 우리를 성찰로 이끈다.

"지금, 이 감정은 당신의 것인가? 아니면, 감정이 당신을 대신 말하고 있는가?"

유가는 인간을 단순히 이성적 존재로만 보지 않았다. 오히려 유가는 감정의 작용을 지극히 진지하게 받아들이며, 인간됨의 핵심을 감정과 그 수양의 문제에서 찾았다. 『중용中庸』에서 말하듯,

> 희·노·애·락이 아직 발發하지 않은 상태를 '중中'이라 하고, 발하여 모두 절도에 맞는 것을 '화和'라 한다. 중은 천하의 대본이고, 화는 천하의 공통된 도이다. 중과 화를 지극히 하면 천지의 위치가 바르게 잡히고, 만물이 잘 생육하게 된다.
>
> 喜怒哀樂之未發, 謂之中 ; 發而皆中節, 謂之和 ; 中也者, 天下之大本也 ; 和也者, 天下之達道也. 致中和, 天地位焉, 萬物育焉.

희로애락이 발하여 절도에 부합되면 그것이 화和이며, 그 화가 정

착된 상태가 바로 인仁이다. 여기서 핵심은 억제抑制가 아니라 절도節度이다. 예는 감정을 억누르지 않는다. 예는 감정을 파국으로 흐르지 않도록 붙들어주는 실존의 형식이며, 감정과 존재의 균형을 지탱하는 내면의 기둥이다.

죽음이라는 감정의 극한 앞에서, 예는 그 진가를 가장 선명하게 드러낸다. 죽음을 맞이한 이의 육신을 씻기고, 수의를 입히며, 마지막 길을 동행하는 장례의 절차는 단순한 형식이 아니다. 그것은 생존자가 두려움과 애도, 죄책감과 해방감이 교차하는 감정의 혼란 속에서, 이별이라는 현실을 받아들이고 흩어진 감정의 결을 서서히 정돈해 가는 의례적 여정이다. 자유子游는 말한다. 죽음이 두렵다는 감정은 억제의 대상이 아니라, 예의 형식을 통해 정서적으로 정련되어야 할 감정이다.

만일 감정만을 따른다면, 우리는 두려움을 이유로 고인의 유해조차 외면할지 모른다. 그러나 예는 감정을 틀어막는 억압이 아니다. 오히려 예는 감정이 자신과 타인을 해치지 않도록 방향을 제시하고, 감정을 더욱 온전히 품게 하는 방식이다.

오늘날 우리는 다시금 이 문답 앞에 서게 된다. 소셜미디어의 감정 과잉, 즉흥적 분노와 피로의 언어가 일상화된 시대, 감정은 진정성의 이름으로 무제한 방출되고 있다. 그러나 감정적 진실이 때로는 타인에게 상처를 입히는 흉기로 둔갑하는 이 시대에, 우리는 감정과 형식, 내면과 표현 사이의 균형을 다시 물어야 한다.

예禮는 결국, 그 균형을 추구하는 방식이다. 감정을 해소하기 위한 방출이 아니라, 감정을 품고 간직하며, 타인과의 공감 가능한 언어로 변환시키는 실천적 지혜이다. 감정은 고귀하다. 그러나 그 감정이 타인에게 닿기 위해서는, 형식이라는 다리가 필요하다. 그 다리가 무너질 때 감정은 외침이 되고, 외침은 벽이 되며, 타인을 밀어낸다. 그러나 예禮의 형식 속에 놓인 감정은, 자기 안에서 잘 발효되어, 타인에게 조심스럽게 건네지는 향기로 남는다.

# 순장殉葬
― 사람을 묻지 않고, 예禮를 묻다

【원문】

陳子車死於衛, 其妻與其家大夫, 謀以殉葬, 定而后, 陳子亢(강)至, 以告曰:「夫子疾, 莫養於下, 請以殉葬.」子亢曰:「以殉葬, 非禮也; 雖然, 則彼疾當養者, 孰若妻與宰? 得已, 則吾欲已; 不得已, 則吾欲以二子者之爲之也.」於是, 弗果用.『禮記·檀弓下』

【국역】

　제齊나라 대부大夫인 진자거陳子車가 위衛나라에서 죽자, 그 처가 가신家臣들과 순장殉葬할 것을 계획하여 〈순장할 사람을〉 정하였는데, 뒤에 〈진자거의 아우인〉 진자강陳子亢[1]이 오자 이 일을 고하여 "부자(진자거)께서 위독하셨을 때, 그 밑에서 봉양의 도리를 다하지 못했으니, 순장을 하려고 합니다."라고 하였다. 진자강이 말하기를

---

1) 진자강(陳子亢) : 자(字)는 자금(子禽)으로, 제(齊)나라의 대부인 진자거(陳子車)의 아우이자 공자의 제자이다. 공자보다 40세 아래다.『사기·중니제자열전』에 실려 있지 않다는 이유로 일설에는 공자의 제자가 아니라고도 한다.

"사람을 순장하는 것은 예禮가 아닙니다. 비록 그렇기는 하나, 순장을 하고자 한다면, 제 형의 질병에 대해서 마땅히 봉양해야 할 자로는 어찌 아내와 가신보다 더한 사람이 있겠습니까? 〈순장을〉 그만둘 수 있다면 나는 그만두고 싶지만, 만약 그만둘 수 없다면, 나는 〈아내와 가신〉 두 사람을 순장시켜야 한다고 생각합니다."라고 했다. 그래서 결국 순장하지 않았다.

### 【유가의 가르침】

죽음에 대한 해석은 시대와 민족, 지역과 문화에 따라 각기 다르게 나타난다. 특히 신분제 사회에서 권력자들은 죽음 이후에도 자신이 누리던 권위와 지위가 지속되기를 열망하였다. 이러한 사고 속에서 사후에도 생전의 질서가 유지된다는 믿음은 곧 순장殉葬이라는 비극적 풍속을 낳았다. 순장은 단지 한 사람의 죽음으로 끝나는 의식이 아니라, 생전의 위계와 권력을 사후의 세계에까지 연장하려는 의지의 표출이었다. 무덤에 함께 묻힌 순장자는 단순한 부장물이 아니라, 죽은 이의 신분적 위상을 상징하는 표식이 되었고, 이는 곧 사회적 질서의 재현이었다. 이와 같은 풍습은 동서고금을 막론하고, 신분제와 가부장적 체제가 고착화된 문명권에서 공통적으로 나타나는 보편적 현상이라 할 수 있다.

순장은 고대 권력자와 그 종속된 인물들을 함께 매장하는 장례 제도로서, 그 사회가 지녔던 위계질서와 권력 구조를 극명하게 보여준다. 이러한 관행은 비단 중국에만 국한된 것이 아니며, 인도, 이집트,

메소포타미아, 로마 등 고대 주요 문명은 물론, 아메리카 대륙과 남태평양 지역의 섬나라들에서도 발견된다. 순장이 제도화되기 위해서는 차별적인 신분 구조와 내세관에 기반한 묘장제도墓葬制度, 그리고 강제적인 인명 희생에 대한 사회적 용인이 요구된다. 따라서 순장제도의 존재 여부는 해당 문명의 윤리적 성숙도와 사회의 발전 단계를 평가하는 하나의 기준이 될 수 있으며, 때로는 그 사회가 여전히 미성숙하다는 인상을 남기기도 한다. 역사 속 순장의 형태는 다양했다. 살아 있는 사람을 직접 생매장하던 잔혹한 방식에서부터, 인간 형상을 모사한 인형을 함께 묻는 방식에 이르기까지, 그 표현은 시대와 장소에 따라 변화하였다. 그렇다면 순장은 왜 탄생했는가? 고대 문헌에서 이를 단정적으로 밝히는 경우는 드물지만, '죽은 자 섬기기를 산자 섬기듯 하라事死如事生.'는 관념에서 비롯되었을 가능성이 크다.

 이를 설명하는 대표적 예는 고대 이집트의 미이라 제작에서 찾을 수 있다. 이집트인들은 사후 세계를 실제 세계의 연장으로 믿었고, 망자는 반드시 부활하리라는 강한 신념을 갖고 있었다. 따라서 그들은 생전의 풍요로움을 그대로 반영한 무덤을 만들고, 각종 부장품을 함께 묻으며, 심지어 시신을 부패하지 않도록 정교한 방식으로 보존하였다. 이는 일종의 '영혼불멸사상靈魂不滅思想'에 근거한 장례문화라 할 수 있다.

 신분사회에서 권력자들은 사망을 일종의 '존재의 소멸'로 인식하지 않고, 자신의 위세와 향유했던 특권이 사후에도 유지되기를 염원했다. 그리하여 웅장한 무덤을 축조하고, 부장품을 치밀하게 준비하며, 심지어 생전에 즐기던 물건은 물론, 사람들까지 함께 매장하는 '수장隨葬'의 풍속이 정착되었다. 이는 훗날 도굴의 대상이 되기도 하였지만, 더 심각한 것은 인간 생명의 희생이었다.

그중에서도 가장 참혹한 제도는 순장殉葬 행위였다. 중국의 은상殷商 시기와 춘추전국 시기에는 인간을 순장하는 사례가 자주 등장한다. 이를테면 『시경詩經』의 「황조黃鳥」 편은 진秦나라 목공穆公의 죽음을 다루며, 그의 장례에 무려 177명이 순장되었고, 어진 신하 3명奄息, 仲行, 鍼虎도 그와 함께 순장되었음을 기록하고 있으며, 이들을 애도하기 위해 '황조'라는 시가 지어졌다고 전해진다.

이처럼 살아 있는 자를 생매장하는 풍습에 대해, 공자는 단호한 반대 입장을 견지하였다. 그는 인간 형상의 인형, 즉 용俑(인형人形으로 장례 때 부장품으로 사용됨)을 부장하는 행위조차 순장의 연장선으로 보고 강하게 비판하였다. 『맹자·양혜왕』편에 따르면, 공자는 "처음으로 용을 만든 자는 그 후손이 없을 것이다"[2]라고 격하게 비판하였다. 이는 단지 인형에 대한 비판이 아니라, '사람을 죽이는 데서 비롯된 형식'을 경계하는 윤리적 절규였다. 공자에게 있어, 형상을 빌미로 사람을 대신 매장하는 것 역시 결국 인간 생명을 경시하는 사유 구조와 다르지 않았던 것이다.

본 대화에서 등장하는 진자거陳子車는 제나라의 대부였으며, 공자의 제자 진자강陳子亢은 그의 동생이다. 진자거가 병에 걸려 위중해

---

2) 『孟子·梁惠王章句·上』: 「仲尼曰 : 始作俑者, 其無後乎!」

졌을 때, 집에 머물지 않았던 탓에 가족들은 그의 병세를 가까이서 돌보지 못했다. 그러한 상황에서 "그 밑에서 봉양하지 못했다."는 말은, 형에 대한 봉양의 도리를 다하지 못한 데 대한 안타까움을 담은 것이다. 이로 인해, 그의 죽음을 맞이하며 산 사람을 함께 순장하려는 계획이 집안에서 거론되었던 것이다.

진자강은 형의 집안에서 이미 예에 어긋나는 순장殉葬의 준비가 진행 중임을 감지하였고, 자신이 직접적으로 이를 저지하기 어렵다고 판단하였다. 이에 그는 단호하게 "순장은 비례非禮이다."라고 선언하였다. 그러나 진자강은 단지 순장이 예에 맞지 않다는 도덕적 판단만을 내린 것이 아니었다. 그는 '만약 반드시 누군가가 지하에서 형을 봉양해야 한다면, 그 역할에 적합한 이는 오히려 형과 가장 친밀한 관계에 있던 처와 가재家宰(가신의 우두머리)일 것이다'라고 하였다. 이는 그들이야말로 생전에 형의 곁을 지켰던 이들이기에, 그 봉양의 의무 또한 마땅하다는 논리였다.

그리고 진자강은 다음과 같이 말함으로써, 형 진자거의 부인과 가재를 순장의 대상으로 직접 지목한 것이 아니라, 오히려 그들 스스로 두려움을 느껴 순장 계획을 거두게 하려는 간접적 설득의 전략으로 삼았다.

"만약 순장을 그만둘 수 있다면, 봉양 또한 불필요하다. 그러나 부득이하게 누군가를 순장해야 한다면, 나는 다만 처와 가재 두 사람만을 원하겠다."

이 말은 진자거의 아내와 가재로 하여금 '봉양'이라는 이름 아래 감행하려 했던 희생이 곧 자신들에게 돌아올 수 있다는 사실을 상기시키려는 것이었고, 그리하여 그들로 하여금 스스로 그 계획을 철회하게끔 유도한 것이었다.

진자강은 형 진자거의 아내와 가재를 도덕적 관점에서 정면으로 비난하지 않았다. 대신 그들의 주장, 즉 사후에도 진자거를 봉양할 자가 필요하다는 논거 자체를 되돌려 그들에게 되묻는 방식으로 논리를 구성하였다. 진자거의 가장 가까운 이들이자 생전 그를 돌보았던 이들이 바로 그들이라면, 왜 굳이 제삼자를 죽음에 이르게 해야 하는가? 이 질문은 그들의 내면에 숨어 있던 의도를 흔들어 놓기에 충분했다.

더 나아가 진자강은 이 순장 계획의 이면에, 단순한 효심이나 충성 외에 진자거의 아내와 가재가 자신들의 영향력을 과시하고자 했던 욕망 또한 깃들어 있었음을 간파했을 것이다. 곧 '우리는 산 사람을 순장시킬 수 있을 만큼의 권력과 영향력을 지니고 있다'는 무언의 과시였다. 그러나 진자강은 그들에게 묻는다.

"만약 당신이 지금 이 자리에서 순장되어야 한다면, 과연 그 운명을 감내할 수 있겠는가? 그렇지 않다면, 어찌하여 감히 타인의 삶을 그토록 가볍게 내어줄 수 있는가?"

순장에 관한 진자강의 일화 이외에도 진간석陳乾昔의 일화도 있다.

진간석이 병으로 눕자 자기 형제들을 모아 놓고 아들 존기尊己에게 명하기를 "만약 내가 죽거든 반드시 내 널을 크게 만들어서 나의 두 첩을 내 좌우에 있게 하라."하였다. 진간석이 죽자, 아들이 말하기를 "사람을 써서 순장하는 것도 예禮가 아닌데, 더구나 같은 관에 함께 있게 한단 말인가?"하고, 결국 아버지의 두 첩을 죽이지 않았다.

陳乾(간)昔寢疾, 屬(촉)其兄弟, 而命其子尊己曰 :「如我死, 則必大爲我棺, 使吾二婢子夾我.」陳乾昔死, 其子曰 :「以殉葬, 非禮也, 況又同棺乎?」弗果殺. 『禮記·檀弓下』

진간석이 병으로 쓰러지자, 그는 자신의 소첩 두 사람을 순장시켜 자신의 관 양쪽에 눕히도록 유언하였다. 이는 죽음 앞에서도 타인을 수단으로 삼아 자신만을 이롭게 하려는, 명백한 이기주의의 발로라 할 수 있다. 그러나 그의 아들 존기尊己는 아버지의 부당한 유지를 끝내 따르지 않았다. 『예기』를 기록한 이는 이러한 존기의 행위를 높이 평가하며, 그가 예의 바른 도리를 지키고 부친의 잘못된 명령을 거스른 점을 칭송하고 있다.

고대의 유가 사상에서는 군자君子와 소인小人의 차이를 죽음에 임하는 태도에서 갈라놓았다. 군자는 죽음의 순간에도 타인을 이롭게 하는 것을 잊지 않지만, 소인은 죽음 앞에서도 자신을 이롭게 하는 데에만 마음을 두었다. 바로 이 대조 속에서 군자의 품격과 도덕적 책임은 더욱 빛난다.

이러한 사유는 실제로 여러 고사에 나타난다. 고인들 가운데는 병상에 누운 시점부터 장차 자신이 묻힐 땅이 농사에 방해되지 않도록, 경작이 불가능한 곳을 미리 골라 장지로 삼는 이들이 있었다. 이는 죽음을 통해서도 공동체에 해가 되지 않도록 하려는 배려에서 비롯된 것이다.

또한 노나라의 맹희자孟僖子는 자신의 임종에 즈음하여 공자孔子의 도道를 실현하는 방식으로 자식들을 훈육하였고, 증자曾子 또한 마지막 순간까지 군자의 도리를 입으로 전하며 삶의 끝자락에서 사람들을 가르쳤다. 이와 같은 사례들은 죽음을 계기로 타인을 이롭게 하고자 한 고인들의 마음을 잘 보여준다.

결국 죽음은 단순한 개인의 종결점이 아니라, 그 사람의 품성과 삶의 철학이 가장 선명하게 드러나는 순간이다. 순장이라는 부당한 유언을 따르지 않고 예의 도리를 지킨 존기의 선택은, 비록 자식의 입장이었지만 마지막 순간에 이르러 군자의 길을 따르고자 한 의지의 표현이었다.

『예기』는 이처럼 한 인간이 죽음을 맞이하는 태도야말로, 삶의 전 여정을 꿰뚫는 마지막 예禮이며, 사람이 지켜야 할 궁극의 도리임을 가르치고 있다.

# 제도制度 속의 마음, 마음속의 제도

【원문】

孟子自齊葬於魯, 反於齊, 止於嬴. 充虞請曰:「前日不知虞之不肖, 使虞敦匠事. 嚴, 虞不敢請; 今願竊有請也, 木若以美然.」曰:「古者棺槨無度. 中古棺七寸, 槨稱之. 自天子達於庶人. 非直為觀美也, 然後盡於人心. 不得, 不可以為悅; 無財, 不可以為悅. 得之為有財, 古之人皆用之, 吾何為獨不然? 且比化者, 無使土親膚, 於人心獨無恔乎? 吾聞之君子: 不以天下儉其親.」『孟子‧公孫丑下』

【국역】

맹자께서 제나라로부터 노나라에 가셔서 어머니 장례葬禮를 치르고, 제나라로 돌아오는 길에 영嬴 땅에 머물게 되었다. 그때 제자 충우充虞가 여쭈었다. "지난번 저의 불초함을 알지 못하시고 저에게 관棺 짜는 일을 감독하게 하셨는데, 당시에는 경황驚惶 중이라 감히 여쭙지 못했습니다. 지금에 삼가 여쭈어볼 게 있습니다. 관으로 쓴 재목이 너무 좋았던 것 같습니다."

맹자께서 말하였다. "옛날에는 내관內棺과 외관外棺이 일정한 한도가 없었는데, 중고시대中古時代에 내관은 두께가 일곱 치이고 외관도 이에 걸맞게 하여 천자天子로부터 서인庶人까지 통용되었으니, 이것은 단지 보기에 아름답게 하기 위해서가 아니라 그렇게 한 뒤에야 장사 지내는 사람의 마음에 흡족하기 때문이었다. 법제法制 때문에 그렇게 할 수 없으면 마음에 흡족할 수가 없다, 재력財力 때문에 그렇게 할 수 없어도 기뻐할 수 없는 것이다. 법제로도 할 수 있고 또 재력으로도 할 수 있으면, 옛사람들이 모두 그러한 관곽棺槨을 썼는데 내가 무엇 때문에 홀로 그렇게 하지 않겠는가? 또 죽은 자를 위해서 흙이 살갗에 직접 닿지 않게 하였으니, 사람의 마음에 어찌 흡족함이 없겠는가? 내가 들으니 '군자는 천하 때문에 자기 어버이에게 검약하게 하지는 않는다.'라고 하였네."

**【유가의 가르침】**

고대 지식인들은 오래도록 한 가지 질문을 붙들고 사유해 왔다.

"내면의 감정과 외면의 형식은 어떻게 조화를 이루어야 하는가?"

이 물음은 단순히 예禮의 문제를 넘어서, 인정人情의 진실과 표현의 형식이 어떻게 하나의 예속禮俗으로 공존할 수 있는가에 대한, 깊고도 근본적인 물음이었다. 이는 곧 '미美'란 무엇인가, 그리고 '그 미美는 어떻게 인식되고 구성되는가'에 대한 윤리적·형이상학적 탐구이기도 했다. 그들의 사유는 오늘날 우리에게도 여전히 유효하다.

가령 학교에서 학생들에게 글쓰기를 가르칠 때 우리는 단순히 논리적 타당성만을 요구하지 않는다. 감정이 언어를 압도하지 않도록, 글의 형식과 균형을 이루도록 가르친다. '문정병무文情並茂', 즉 감정의 진실성과 표현의 질서가 함께 어우러진 글이 좋은 글이라는 이 명제는, 문학적 감수성의 문제를 넘어, 인간 이해의 윤리적 구조와 직결된 사고방식이라 할 수 있다. 이러한 인식은 인물에 대한 평가에서도 동일하게 작용한다.

『세설신어世說新語·덕행德行』편에는 이런 이야기가 실려 있다.

> 왕융王戎과 화교和嶠가 같은 때에 부모상을 당했는데 모두 효성스럽다고 일컬어졌다. 왕융은 닭 뼈가 상 위에서 지탱하고 있는 것처럼 말랐고, 화교는 곡하고 우는 것이 예법에 맞았다. 진晉 무제武帝가 유중웅劉仲雄(劉毅)에게 말하였다.
> "경은 자주 왕융과 화교를 살펴보았으니, 화교가 정해진 예법보다 지나치게 애통해하여 사람들을 걱정시켰다는 말을 들어보지 못했는가?"
> 유중웅이 말하였다.
> "화교는 예법에 맞긴 하나 정신과 기운이 손상되지 않았고, 왕융은 예법에 맞지 않으나 애통함으로 인해 앙상하게 말랐습니다. 신은 화교는 生孝요 왕융은 死孝라고 생각합니다. 폐하는 화교를 걱정하지 말고 왕융을 걱정해야 합니다."

王戎·和嶠同時遭大喪, 俱以孝稱. 王雞骨支床, 和哭泣
備禮. 武帝謂劉仲雄曰:「卿數省王·和, 不聞和哀苦過禮,
使人憂之?」仲雄曰:「和嶠雖備禮, 神氣不損; 王戎雖不
備禮, 而哀毁骨立. 臣以和嶠生孝, 王戎死孝. 陛下不應憂
嶠, 而應憂戎.」

진晉나라의 왕융王戎과 화교和嶠가 거의 같은 시기에 부모상을 당했지만, 두 사람 모두 효성스럽다고 칭송받았으나, 애도 방식은 극명하게 달랐다. 왕융은 전통적인 예법을 완전히 따르지 않았음에도 불구하고, 유의는 그를 두고 '효자'라 평한다. 이 평가가 의미심장한 것은, 유의가 단지 기존의 예제禮制를 따랐는가 아닌가만을 기준으로 판단하지 않았다는 점이다. 그에게 있어 효孝란, 형식의 충실 여부만으로 단정할 수 있는 것이 아니었다. 그는 오히려 사람됨 전체에서 우러나는 마음의 진실성과 정서의 무게를 함께 보았고, 그 정황 속에서 형식의 불완전함이 오히려 진정성을 해치지 않았음을 간파했다. 효라고 하는 덕목은, 단일한 행위나 규범의 준수 여부로 판별될 수 있는 것이 아니다. 그것은 한 사람의 전인적인 태도와 마음의 진실함을 함께 고려할 때 비로소 평가될 수 있는 것이며, 그러한 관점에서 볼 때, 유의의 판단은 규범과 인정 사이의 긴장 속에서 진심이 어떻게 드러났는지를 파악하려는 정교한 윤리적 감각에서 비롯된 것이었다.

이와 같은 맥락에서 맹자孟子의 행적 또한 새롭게 조명될 수 있다.

맹자는 어머니의 장례를 치를 때, 관곽棺槨과 장식에까지 세심하게 챙겼다. 이 행위는 단지 외관을 아름답게 꾸미기 위한 것이 아니었다. 맹자 스스로 말하길, 이는 "사람의 마음이 끝까지 미칠 수 있도록" 하기 위한 것이었다. 이는 '인정人情'을 다하되 '예제禮制'를 벗어나지 않는, 즉 '합례合禮'의 태도이며, 규범 속에 마음을 담는 유가적 미학의 구체적 실천이자 조율인 것이다.

인정人情과 제도制度의 긴장, 그것은 인류 역사 전반에 걸쳐 늘 반복되어 온 문제다. 우리는 종종, 제도가 사람의 감정을 억누른다고 느낀다. '예가 사람을 죽인다以禮殺人'는 비판은 오랫동안 반복되어 온 대표적인 명제다. 그러나 그것이 과연 고대 예속禮俗 문화의 진실일까?

『예기·예기禮器』편은 이렇게 말한다.

"예는 시기를 따르는 것이 가장 중요하다."

禮, 時爲大.

즉, 예란 고정된 형식이 아니다. 시간과 장소, 상황과 감정의 결에 따라 유연하게 조율되어야 할 살아 있는 질서였다. 그 정신은 '인시제의因時制宜' — 시기에 따라 적절한 도리를 시행하는 유연한 철학으로 구현되었다.

고대의 '예'는 오히려 그 인정을 더 깊이 살피고, 그것이 인간됨의 무게를 잃지 않도록 돕기 위한 장치였다. 맹자의 행위도, 단지 두텁게 장례를 치렀다고 비판하거나 사치를 부렸다고 폄하해서는 안 될다. 그는 인정을 억제하지 않으면서도, 그 인정이 예의 품격을 해치지 않도록 조율하는 방식을 선택한 것이다. 이는 단순한 후장厚葬과 박장薄葬의 논쟁이 아니다. 한 사람의 마음이 오롯이 끝까지 닿는 장례, 곧 '예禮와 정情이 일치되는 방식'에 대한 모색이었던 셈이다.

이처럼 전통 사회에서 '예'는 사람의 감정을 억누르는 장벽이 아니라, 타자와의 관계 속에서 존엄을 유지하고, 마음의 진실을 사회적 형식 안에서 품위 있게 표현하기 위한 하나의 문법이었다.

만일 오늘날의 '인권' 개념과 고대의 '인정' 개념을 나란히 놓고 바라본다면, 우리는 어쩌면 전혀 다른 결의 지혜와 통찰을 얻게 될지도 모른다.

마음을 제도 안에 가두지 않고, 제도를 마음 밖으로 밀어내지 않는 삶—그 조화를 지향하는 태도야말로, 형식 속에서 인정이 숨 쉬고, 인정 속에서 형식이 빛나는, 유가가 추구해 온 삶의 품격 그 자체일 것이다.

# 예禮의 씨앗
― 유년 교육

【원문】

幼子常視毋誑, 童子不衣裘裳. 立必正方. 不傾聽. 長者與之提攜, 則兩手奉長者之手. 負劍辟咡詔之, 則掩口而對.
『禮記·曲禮上』

【국역】

　어린아이에게는 항상 거짓되지 않고 속임이 없는 것만을 보여주어야 한다. 어린아이들에게는 가죽으로 된 옷과 치마를 입히지 않고, 서 있을 때는 반드시 바른 방향을 바라보게 하며, 어른이 말씀하면, 삐딱하게 몸을 기울여서 듣지 않게 한다. 어른이 어린아이에게 손을 내밀어 이끌고 가려 하면, 어린아이는 두 손으로 어른의 손을 잡고, 어른이 등 뒤에서 어린아이에게 몸을 굽혀 입가에 대고 말을 건네면, 어린아이는 입을 가리고 대답한다.

**【유가의 가르침】**

　옛사람들은 인간의 품성과 행실을 구성하는 기초로서, 일상 속 몸가짐과 예절을 무엇보다 중시하였다. 『예기』의 여러 편을 살펴보면, 복장과 용모, 언어와 자세에 이르기까지 다양한 예법禮法이 세밀하게 규정되어 있음을 알 수 있다. 이는 단지 외형적 형식에 관한 규범이 아니라, 하루하루의 삶을 단정한 예禮로써 영위하고자 했던 유가儒家의 윤리적 이상을 반영하는 기록이자, '사소한 일상' 속에서 인격을 기르고자 한 실천적 철학의 발현이라 할 수 있다.

　유가는 교육을 논함에 있어 언제나 '처음'을 중히 여겼다. 아이가 말을 배우고, 손을 스스로 움직이기 시작하는 그 이른 순간부터, 교육은 이미 시작된다.
　『예기』의 여러 편, 그중에서도 특히 「내칙內則」 편은 유년기 교육의 구체적이고 섬세한 실천 양상—즉, 아동교육의 유가 전통을 가장 뚜렷하게 보여준다. 여기서 교육은 단순한 지식 전달이나 기술 습득의 문제가 아니다. 그것은 삶의 형식과 품격을 기르는 가장 첫걸음이며, 인격의 뿌리를 길러내는 '예禮의 씨앗'을 심는 일이었다.
　「내칙內則」 편에는 유아기를 대상으로 한 교육이 구체적으로 서술되어 있다.

　　"아이가 밥을 먹을 수 있거든 오른손으로 먹도록 가르치며, 말할 수 있으면 남자는 대답하기를 빨리하도록 하고唯, 여자는 부드럽고 느리게 하도록 하며俞, 남자는 큰 띠를 가죽으로 만들고, 여자는 큰 띠를 비단으로 만든다."

子能食食(식사), 教以右手. 能言, 男唯女俞. 男鞶革, 女鞶絲.

이처럼 인간이 사회적 존재로서 세상과 관계를 맺기 시작하는 가장 이른 시점부터, 유가는 언어와 신체의 방향, 그리고 응답의 어휘에 이르기까지 정제된 질서 속에서 양육을 실천하였다. 이는 단순한 행위의 규제가 아니라, 몸의 습관을 통해 내면의 질서를 형성하려는 깊은 인격 수양의 의지에서 비롯된 것이다.

여섯 살이 되면 숫자와 방위를 익히고, 여덟 살에는 문을 드나들 때의 자세와 식사 예절을 배우며, 아홉 살에는 날짜를 헤아리는 원리를 이해하게 한다. 일곱 살 이전까지는 남녀 함께 배우되, 그 이후부터는 남녀를 구분하여 교육하는 '이교異敎'의 원칙이 적용된다. 열 살이 되면 남아는 외부에서 스승을 따라 배우고, 여아는 규중에서 부덕婦德을 닦는 삶의 방식을 익힌다.

이러한 유년기 교육 체계는 단순한 지식 주입을 넘어, 인간됨의 기반을 생애 초기부터 점진적으로 다듬고자 했던 유가의 철학을 고스란히 반영한다. 『예기』의 「내칙內則」과 「학기學記」 등 여러 편에 걸쳐 이러한 교육 체계의 구조와 이상이 반복적으로 강조되는 까닭은, 예가 단지 일시적 훈련이 아니라, 삶 전체를 관통하는 실천적 원리로 간주되었기 때문이다.

뿐만 아니라 『예기』는 유년기의 교육을 넘어, 성년 이후 각 연령대에 따라 마땅히 지녀야 할 행실과 도리를 분명히 제시한다. 예컨대, 서른이 되어 혼인을 하면 가정을 이루고, 이 시점부터 관직에 나아가거나 공적 업무를 담당하는 일이 가능해진다. 사십이 되면 뜻을 세우고, 사물의 경중과 완급을 분별할 수 있는 내적 성숙을 갖춘 뒤 관직에 진출해야 한다.

이렇듯 생애주기별로 제시된 예법은 단지 인생의 단계를 나눈 것이 아니라, 각 시기마다 요구되는 덕성과 역할을 체계적으로 설계한 유가적 인간관의 실천적 전개라 할 수 있다. 이러한 관점에서 보자면, 예禮란 결코 외형적 형식이 아니다. 그것은 삶을 조형하는 깊은 내면의 훈련이자, 인격 형성의 출발점이다.

그러므로 유가 교육의 시작에서 가장 먼저 강조되는 것은 '거짓을 말하지 말 것'이다. 이를 상징적으로 보여주는 것이 바로 「증자살체 曾子殺彘」[1]의 고사이다.

---

1) 『한비자(韓非子)』에는 증자살체(曾子殺彘, '증자가 돼지를 잡다')로 알려진 일화가 나온다.
하루는 증자의 아내가 시장에 가는데 그 아들이 울며 따라가려 하였다. 그러자 증자의 아내는 "다녀와서 돼지를 잡아 줄 터이니 돌아가거라" 하였다. 아내가 시장에서 돌아오니 증자가 돼지를 잡아 죽이려 하고 있었다. 이를 본 아내가 "그저 애를 데리고 농담한 것입니다."라고 말하였다. 그러자 증자는 "아이들과는 농담하여서는 안 됩니다. 아이들은 지각이 없어서 부모를 보고 배우는 법입니다. 어머니가 자식을 속이면 자식이 어머니를 믿지 않을 것이니 이는 가르침을 이루는 방법이 아닙니다."라고 말하며 돼지를 삶았다. 자녀 교육에 있어서 약속의 엄중함을 강조한 고사이다.

어린아이는 세상의 모든 것을 새롭게 받아들이는 존재이며, 그 인식의 근간은 부모의 말과 행위를 통해 형성된다. 만일 그 시작점에서 거짓된 말로 아이의 감각과 인식을 왜곡하게 된다면, 그것은 단지 한순간의 실수가 아니라, 인격 전체의 방향을 어그러뜨리는 중대한 결함으로 이어질 수 있다.

이와 같은 맥락에서 참고할 수 있는 구절들이 「내칙」 곳곳에 등장한다.

"가죽옷은 입지 말고, 설 때에는 반드시 바르고 단정하게 서며, 말을 들을 때 고개를 기울이지 말라."

"장자長者와 함께 있을 때 손을 맞잡게 되면 양손으로 공손히 받들고, 귀 가까이에서 말이 오갈 때에는 입을 가리고 응답하라."

이러한 규범은 단순히 외면의 예의를 지키려는 것이 아니다. 그것은 몸의 모든 움직임 속에 '예'를 깃들게 하려는 정교한 훈련이며, '예'는 곧 타인을 향한 존중의 표현이다.

사람을 비스듬히 바라보는 시선은 경망하고 불손한 인상을 남기며, 두 발의 균형이 맞지 않은 자세는 부주의하고 단정치 못한 태도를 드러낸다. 또한 고개를 기울여 말을 들을 경우, 마치 남의 이야기를 엿듣는 듯한 오해를 불러일으킬 수 있다.

이처럼 『예기』 속에 담긴 일상적 예법들은 단지 외형을 단속하기 위한 규율이 아니라, 타자와의 관계 속에서 자신의 위치를 '예禮'로 끊임없이 조율하고, 그 과정을 통해 윤리적 감각을 단련하려는 실천적 노력이라 할 수 있다.

특히 흥미로운 것은, 왜 장자長者의 말을 들을 때 '입을 가리고 말하라'는 규정이 존재하는가 하는 점이다. 이는 단지 전통적 형식을 중시한 고루한 규범이 아니라, 위생적·심리적 배려에 기반한 예의 실천이다. 말을 할 때 불쾌한 기운이나 침이 튀는 상황은 상대방에게 무의식적인 거부감을 줄 수 있으며, 예란 바로 그러한 미묘한 불편조차 감각하고 조율할 줄 아는 세심한 감수성에서 비롯된다.

요컨대, 『예기』에 담긴 유년기 교육의 여러 기록은 예를 단지 외적 형식으로서가 아니라, 내면의 덕성을 기르는 전 생애적 수양의 출발점으로 이해하고 있음을 분명히 보여준다. 그리고 그 교육은 일시적인 훈련이 아니라, 삶 전체를 통해 지속적으로 실천되어야 할 인격수양의 핵심으로 간주된다.

'어떤 사람이 되어야 하는가?'라는 물음 앞에서, 유가는 주저 없이 일관되게 말한다.

'올바른 몸가짐과 바른 말씨, 그리고 그것을 날마다 반복하여 삶 속에 새겨 넣는 것. 바로 거기서 인격은 비롯된다.'라고.

아이들은 늘 부모의 뒷모습을 보고 자란다. 그러므로 예禮는 한 사람의 품격을 세우는 일이자, 동시에 세대를 잇는 인격의 유산인 것이다.

# 정誠    정성스러우면 후회가 없다.

정성은 마음이 머문 자리에 남는 빛이다.
마음을 다한 진실한 태도는 어떤 결과 앞에서도 후회를 남기지 않는다.
성은 행위의 근본이며, 신뢰의 뿌리다.
보이지 않는 땅속의 씨앗처럼, 정성은 먼저 어둠 속에서 피어나 시간을 견딘다.
드러내기보다 스며들기를 택하고, 앞서 말하기보다 묵묵히 바라본다.
그러나 언젠가 그 정성은 바람이 기억하고, 시간이 열매를 맺는다.

# 증자의 마지막 가르침
— 무괴無愧의 삶

**【원문】**

曾子寢疾, 病. 樂正子春坐於床下, 曾元·曾申坐於足, 童子隅坐而執燭. 童子曰:「華而睆, 大夫之簀與?」子春曰:「止!」曾子聞之, 瞿然曰:「呼!」曰:「華而睆, 大夫之簀與?」曾子曰:「然, 斯季孫之賜也, 我未之能易也. 元, 起易簀.」曾元曰:「夫子之病革(극)矣, 不可以變, 幸而至於旦, 請敬易之.」曾子曰:「爾之愛我也不如彼. 君子之愛人也以德, 細人之愛人也以姑息. 吾何求哉? 吾得正而斃焉斯已矣.」舉扶而易之. 反席未安而沒. 『禮記·檀弓上』

**【국역】**

　　증자曾子가 병으로 드러누우셨는데 위독하였다. 〈제자인〉 악정자춘樂正子春은 침상 아래에 앉아 있고, 〈아들인〉 증원曾元과 증신曾申은 증자의 발끝에 앉아 있고, 동자는 〈성인과 나란히 있을 수 없어〉 침상 귀퉁이에 앉아 등불을 잡고 있었다. 동자가 증자에게 말하길 "선생님께서 누우신 대자리는 화려하고 고우니 대부들만 쓸 수 있는 대자리가 아닙니까?"라고 했다. 그러자 옆에 있던 악정자춘은 "그만하라." 하였다. 증자께서 들으시고 "아!" 하고 탄식하였다. 동자가 "대자리가 화려하고 고우니 대부가 사용하는 대자리일 것입니다." 하자, 증자가 "맞다. 이는 계손씨季孫氏가 준 것인데 내가 〈병이 심해〉 바꾸지 못했으니, 증원은 일어나 대자리를 바꾸라." 하였다. 증원이 "부자의 병환이 심하여 바꿀 수가 없으니, 다행히 내일 아침이 되거든 공경히 바꾸겠습니다." 하자, 증자가 말씀하시기를 "네가 나를 사랑하는 것이 저 동자보다 못하구나. 군자가 사람을 사랑함은 덕으로써 하고 소인이 사람을 사랑함은 당장 편한 것으로써 하니, 내 무엇을 바라겠는가. 내가 바름을 얻고 죽으면 그뿐이다." 하셨다. 이에 몸을 부축하여 대자리를 바꾸었는데, 돗자리로 돌아와 안정되기도 전에 죽고 말았다.

**【유가의 가르침】**

책簀은 대부大夫들이 사용하는 화려하고 고운 대자리이다. 증자는 평생 대부의 지위에 오른 적이 없었기에, 마땅히 그에 걸맞지 않은 장식을 피하는 것이 예禮의 정신에 부합한다고 여겼다. 이러한 사실을 언급하여 조심스레 간언을 올린 것이다. 악정자춘樂正子春은 그 언급을 그치도록 하였으나, 동자는 재차 언급했는데, 그 이유는 그 말이 증자에게 전달되지 않았기 때문이다.

이 장면은 단지 일상적 절차의 문제가 아니라, 그것은 죽음을 앞둔 순간까지도 자신의 삶을 흐트러짐 없이 정돈하고자 했던 마음, 나아가 유가儒家가 죽음에 임하는 태도, 즉 '삶과 죽음'을 관통하는 철학적 일관성을 응축한 상징적 서사이기도 하다.

「단궁檀弓」편에 담긴 증자의 마지막 모습은 조용하지만 깊은 물음을 우리에게 던진다.

"무엇이 진정한 삶인가?"

삶의 끝자락에서야 비로소 떠오르는 이 질문은, 증자의 죽음을 마주하는 이야기를 통해 우리를 천천히 그 물음 앞에 세운다. 그리고 다시금 묻는다.

"만약 오늘이 당신 생의 마지막 날이라면, 당신은 무엇을 할 것인가?"

죽음이라는 궁극의 문턱 앞에서 끝내 놓지 못할 단 하나의 가치는 무엇인가? 이 물음은 결국, 언젠가 우리 모두에게 찾아온다. 살아가는 동안에는 종종 놓치고 마는 삶의 진정한 가치가, 오히려 죽음이라는 절대적인 순간 속에서 가장 또렷하게 드러나기 때문이다. 어쩌면 사람은 마지막 순간에야 비로소, 자신의 마음 가장 깊은 곳에서 진정으로 소중히 여겨온 것이 무엇이었는지를 정면으로 마주하게 되는지도 모른다.

『논어·태백泰伯』편에는 증자가 임종을 앞두고 제자들에게 남긴 짧지만 깊은 말이 전해진다.

증자曾子가 병이 들자, 제자弟子들을 불러 놓고 말했다. "이불을 걷고 나의 발과 손을 보아라. 『시경詩經』에 이르기를, '두려워하고 조심하여 깊은 못에 임한 듯이, 얇은 얼음판을 밟는 듯이 한다.' 하였으니, 죽음에 임한 지금에야, 나는 이러한 근심을 면하게 되었음을 알겠노라. 제자들아!"

曾子有疾, 召門弟子曰 :「啟予足! 啟予手! 『詩』云 '戰戰兢兢, 如臨深淵, 如履薄冰.' 而今而後, 吾知免夫! 小子!」

그는 자신의 손과 발을 직접 드러내 보이며 말한다.

"나는 지금까지 부모로부터 물려받은 이 몸을 온전히 지켜왔다."

이 말은 단순히 육체적 보존을 의미하는 것이 아니었다. 그 고요하고 단호한 말 속에는, 한 사람이 자신의 몸과 마음을 다해 충실히 살아낸 세월에 대한 자부심, 그리고 스스로에게조차 부끄러움 없는 삶을 살아왔다는 고요한 확신이 담겨 있다.

「단궁」 편에서 전하는 증자의 마지막 유언은 더욱 간결하고 절절하다.

"나를 바르고 떳떳하게 떠나게 해다오."

그는 죽음을 앞두고 자신의 성취나 업적을 말하지 않았다. 후세에 이름을 남기고자 하지도 않았다. 그가 마지막으로 남긴 말은 오직, 삶을 흐트러짐 없이 마무리하고자 하는 소망, 즉 부끄럽지 않은 모습으로 이 세상을 떠나고자 하는 단 하나의 진실한 바람이었다. 그 말 속에서 우리는 유가儒家가 평생 추구해 온 삶의 윤리적 정수, 곧 '무괴無愧'라는 두 글자를 마주하게 된다. 스스로에게도, 타인과 세상 앞에서도 부끄럽지 않은 삶. 그것이 바로, 증자가 마지막 순간까지 붙들고 있었던 사람됨의 최종 기준이었다.

그 모습은, 문득 바울의 고백을 떠오르게 한다.

"나는 선한 싸움을 싸우고, 달려갈 길을 다 달렸으며, 믿음을 지켰노라."

그 고백 속에는 삶이 얼마나 덧없고 나약한 여정인지를 자각하는 한 인간이 겸허가 서려 있다. 그러나 동시에, 그 덧없음 속에서도 끝내 자신을 잃지 않고 살아낸 이만이 가질 수 있는 조용한 존엄과 확신이 담겨 있다.

삶의 의미는 결코 거창한 업적이나 눈부신 성취에서 비롯되지 않는다. 오히려 누구나 걸어야 하는 그 하루하루의 평범한 길 위에서, 정직하게, 진실하게, 그리고 온 정성을 다해 살아냈는가에 달려 있다. 그리고 마지막 순간, 조용히 이렇게 말할 수 있다면,

"내 삶에 부끄러움이 없었다."

그것이면 족하다.

# 시련과 군자의 품격

**【원문】**

衛靈公問陳於孔子. 孔子對曰:「俎豆之事, 則嘗聞之矣; 軍旅之事, 未之學也.」明日遂行. 在陳絕糧, 從者病, 莫能興. 子路慍見曰:「君子亦有窮乎?」子曰:「君子固窮, 小人窮斯濫矣.」『論語·衛靈公』

**【국역】**

　　위衛나라 영공靈公이 공자에게 군대의 항오行伍를 진열하는 방법을 묻자, 공자께서 대답하였다. "조두俎豆의 일(제사에 제기를 진설하는 일)이라면 들은 적이 있지만, 군려軍旅의 일은 배운 적이 없습니다." 라고 말하고, 다음날 드디어 〈위나라를〉 떠나셨다. 진陳나라에서 양식이 떨어져서 따르던 제자들이 허기에 지쳐 병까지 나서 일어나지 못하였다. 자로子路[1]가 화난 기색으로 와서 공자를 뵙고 말하였다.

---

1) 중유(仲由, 기원전 542년 ~ 기원전 480년)는 중국 춘추 시대 노나라 학자이자 관료로, 자는 자로(子路) 또는 계로(季路)이며 변(卞) 사람이다. 흔히 자로라고 불린다.

"군자도 궁窮할 때가 있습니까?" 그러자 공자께서 말하였다. "군자는 본래 궁할 때가 있으나, 소인小人은 궁하면 〈분수를〉 넘는다."

**【유가의 가르침】**

공자는 위衛나라를 떠나 조曹나라로 갔으나, 조나라가 그를 받아들이지 않자 다시 송宋나라로 향했고, 그곳에서는 광인匡人의 난亂에 휘말렸다. 이어 진陳나라로 몸을 옮겼지만, 때마침 오吳나라가 진나라를 침공하면서 나라 전체가 혼란에 빠졌고, 그로 인해 공자 일행은 식량마저 떨어진 처지가 되었다.

이렇듯 공자가 진陳과 채蔡에서 겪은 고난의 일화는 고대로부터

> 자로는 공자(孔子)의 핵심 제자 중의 한 사람으로, 공자의 천하 유세 기간 고난을 끝까지 함께 하였다. 자로는 공자가 살아 있을 때 염구와 함께 노나라의 유력한 정치가였다. 공자와 14년의 주유천하와 망명 생활을 함께했으며, 공자가 노나라로 돌아갈 때 위나라에 남아서 공씨의 가신이 되었으나, 왕실 계승 분쟁에 휘말려 괴외의 난 때 전사하였다. 그의 유해는 발효되어 젓갈로 담가지는 수모를 당했다. 이 소식을 들은 공자는 크게 슬퍼하여 집안에 있는 "젓갈"(해 醢)을 모두 내다 버렸으며, 이후에도 젓갈과 같은 종류의 음식은 먹지 않았다고 한다.
> 자로는 공자의 제자 중 최연장자였으며, 어떤 면에서는 제자라기보다 가장 친한 친구요 가장 엄격한 비판자였다는 견해도 있다. 그는 공자가 무란한 진후(陳后) 남자(南子)와 회견하였을 때 분개하였으며, 공자가 두 번이나 읍을 거점으로 반란을 일으킨 자들을 섬기려고 생각하였을 때도 항의하였다.
> 자로는 자기 자신에 대해서도 엄격한 사람이었다고 평가되며, 논어의 안연편에는 그는 약속을 다음날까지 미루는 일이 없었다고 한다. 맹자에 따르면, 자로는 다른 사람이 자기의 결점을 지적하면 기뻐하였다고 한다. 그는 용맹스러웠고 직선적이고 성급한 성격 때문에 예의 바르고 학자적인 취향을 가진 제자들과는 이질적인 존재였다. 그의 성격은 거칠었으나 꾸밈없고 소박한 인품으로 부모에게 효도하여 공자의 사랑을 받았다.

널리 회자되어 왔다. 중국의 철학자 진소명陳少明 교수의 연구에 따르면, '진에서 식량이 끊긴 사건'과 관련된 이야기는 무려 아홉 가지 이상의 유형으로 다양한 문헌에 전승되고 있다. 『논어』와 『공자가어』는 물론, 『장자』, 『여씨춘추』 등 여러 고전에서도 유사한 기록을 찾아볼 수 있다. 이는 공자의 삶이 단순한 성인의 이상화된 궤적이 아니라, 고난과 좌절 속에서 스스로의 도道를 굳건히 지켜낸 치열한 실천의 역사였음을 말해준다.

『논어』에 실린 이 일화를 두고, 송대의 학자들은 흥미로운 해석을 더하였다. 춘추시대 위衛나라의 제후 영공靈公은 무력과 전쟁에 깊은 관심을 가졌고, 병진兵陣에 관한 자문을 공자에게 청하였다. 그러나 공자는 영공의 통치 방식이 자신이 지향하는 정치적 이상과는 근본적으로 어긋나 있음을 직감하고, 다음 날 곧바로 위나라를 떠난다. "도道가 다르면 함께할 수 없다"는 그의 결정은, 이상을 위한 단호한 결단이자 현실과의 결별이었다.

이러한 판단이 오늘날의 관점에서 과연 전략적으로 타당했는지는 별론으로 하더라도, 그 결단이 결국 공자와 제자들에게 더욱 혹독한 시련을 안겨주었다는 점은 부정할 수 없다.

이와 관련하여 자로가 "군자도 곤궁할 수 있습니까?"라고 물었을 때, 우리는 자연스럽게 '궁窮'의 의미에 대해 다시금 생각하게 된다. 많은 이들이 '궁'을 단순히 물질적 빈곤이나 곤란함으로 이해하지만, 고전 문헌을 면밀히 살펴보면 '궁窮'은 외형적 결핍을 넘어선다. 그것은 자신의 뜻과 이상이 현실 속에서 끝내 실현되지 못하고 꺾이는 정신적·의지적 막다른 지점을 뜻하는 경우가 많다.

다시 말해, '궁窮'은 생존의 위기만이 아니라, 인간 존재가 감당해야 할 깊은 좌절과 내면적 균열까지 포괄하는 복합적 개념인 것이다.

'선한 이에게는 복이 따른다', '덕은 결국 복으로 이어진다'는 믿음은 시대를 막론하고 많은 이들이 삶의 굴곡 속에서 희망처럼 붙드는 이상적 세계관이다. 그러나 자연의 인과因果와 우연, 구조적 불확실성이 지배하는 현실에서 이러한 신념은 언제나 현실과 조응照應하는 것은 아니다. 그렇다면 도덕적 수양과 인격 완성을 삶의 중심에 두는 군자는, 고난과 실패 앞에서 과연 어떻게 자신을 다스려야 하는가?

자로의 질문은 단순한 개인적 호기심을 넘어, 인류 보편의 질문을 대변하고 있다. 실패와 좌절의 문턱 앞에 선 자라면 누구나, 이 질문을 마음 깊은 곳에서 되뇌게 된다. 이에 대한 공자의 응답은 간결하면서도 깊은 통찰을 품고 있다.

"군자야말로 궁함 속에서도 꿋꿋이 버틸 수 있는 사람이다."

이 말을 우리는 다음과 같이 바꾸어 표현할 수 있을 것이다.

"진정한 성공은 끝까지 견디는 자의 몫이다."

이러한 언명言明은 다소 이상적이고 추상적으로 들릴 수 있다. 그러나 최근 몇 년 사이 '실패와 좌절을 어떻게 대면할 것인가'라는 주제가 사회 전반에서 점점 더 중요한 화두로 부상하고 있다. 예컨대,

일본 도쿄대학 명예교수 하타무라 요타로畑村洋太郎의 『실패학』, 중국 학계에서 활발히 논의되는 '역경교육逆境教育', 그리고 교육학계에서 꾸준히 주목받는 '좌절 인내력'과 같은 개념들은 모두 공통적으로, 인간이 실패를 어떻게 수용하고 성찰하며 그로부터 어떻게 성장해 나갈 수 있는지를 핵심 과제로 삼고 있다.

이는 결국 현대 사회가 점차 제로섬 경쟁의 양상을 띠게 됨에 따라, 소수의 승자만이 조명받는 현실 속에서 더 많은 이들이 좌절의 경험을 통해 새로운 가치와 삶의 의미를 재발견해야 하는 필요에 직면하고 있다는 사실을 보여준다.

획일화된 기준과 외부의 평가에서 벗어나, 각자가 고유한 시선으로 삶을 해석하고, 자신만의 의미를 재구성할 수 있는 능력은 오늘날 우리 모두가 새롭게 익혀야 할 존재론적 학습이 되고 있다.

이러한 학습의 과정은 두 단계로 나누어 생각해 볼 수 있다.

첫째는, 실패 이전의 '자기 준비'다.

복싱을 익힌 사람들은 알고 있다. "주먹을 내지르기 전에, 먼저 얻어맞는 법부터 배워야 한다"라는 사실을.

시련 앞에서 무너지지 않기 위해서는, 그것을 견뎌낼 수 있는 내공—즉, 감정의 자율성과 인식의 유연성—이 먼저 갖추어져야 한다. 역경은 단지 외부의 사건이 아니라, 내면의 힘을 시험하는 장場이다.

둘째는, 실패를 맞닥뜨렸을 때의 '적극적 수용'의 태도다.

"넘어지더라도 흙 한 줌은 쥐고 일어서라", "실패는 성공의 어머니다"와 같은 격언은 익숙하게 들리지만, 실제 절망의 순간에 이를 성찰하고 재구성하려는 태도는 그리 흔치 않다. 좌절 앞에서 즉각적으로 회피하거나 타인을 탓하기보다는, 고통의 밑바닥에서도 의미를 발견하려는 태도야말로 진정한 회복의 출발점이 된다.

공자가 "군자는 궁하되 그 뜻을 굽히지 않고, 소인은 궁하면 분수를 넘는다"라고 일러준 지 2천 5백여 년이 지난 오늘, 우리는 다시금 그 목소리에 귀를 기울이며, 스스로에게 끊임없이 질문해야 한다.

"과연 나는 어떤 방식으로 나의 실패를 마주하고 있는가?"

그리고,

"나는 그 실패를 통해 어떤 사람으로 거듭나고자 하는가?"

# 너무 이른 빛, 너무 빠른 그늘
## ― 나이테는 한해에 하나씩 자란다

**【원문】**

闕黨童子將命. 或問之曰:「益者與?」子曰:「吾見其居於位也, 見其與先生並行也, 非求益者也, 欲速成者也.」『論語·憲問』

**【국역】**

궐당1)의 어린 동자가 공자孔子의 명을 전달하는 심부름을 하고 있었는데, 어떤 사람이 그 아이에 관해 공자에게 물었다. "배움에 진전이 있는 아이입니까?" 공자는 이렇게 대답하였다. "나는 그 아이가 어른의 자리에 마구 앉는 것을 보았다. 또 그가 선생들과 함께 나란히 걷는 것도 보았다. 그러니 그 아이는 더 배우려는 자가 아니라 빨리 어른이 되었으면 하는 자이다."

---

1) 【闕黨】은 현재 산동성(山東省) 곡부시(曲阜市) 공부(孔俯)가 있는 곳의 지명으로 궐리(闕里) 혹은 궐문(闕門)이라고도 한다.

**【유가의 가르침】**

 어릴 적, 부모님은 나를 종종 '애늙은이'라 부르며 야단하셨다. 그러나 내 마음속엔 '성장'과 '어른'이라는 말이 늘 반짝이는 환상으로 자리하고 있었다. 크기만 하면 하고 싶은 일은 마음껏 할 수 있고, 지금처럼 매사에 간섭받지 않아도 될 줄 알았다. 그래서 하루빨리 어른이 되고 싶었다. 이와 같은 바람은 비단 나만의 것이 아닐 것이다. 아마도 청소년기에 접어든 누구나 한 번쯤 품어보았을 감정일 것이다.

 공자의 이웃에 살던 한 소년이 예禮의 경계를 넘는 행동을 보였을 때, 우리가 만일 그 아이의 마음을 지금 우리의 관점으로 되짚어본다면, 그 역시 어른이 되고 싶다는 마음의 조급함이 컸으리라 짐작할 수 있다.


 동서고금을 막론하고 조숙하고 영민한 아이들의 사례는 역사 속에서 종종 발견된다. 예컨대 당나라 시기, 대다수 사람이 과거시험에 매진하며 반생을 바치던 시절, 장張씨 성을 가진 한 소년은 아홉 살의 나이에 한유韓愈와 함께 명경과明經科에 급제하였고, 열한 살에 병조참군의 자격을 취득하였다. 당시 사람들은 그를 '천재 아동'이라 부르며 경이롭게 바라보았다. 송대에는 또 다른 영재, 방중영方仲永이 있었다. 그는 다섯 살에 이미 시문을 지을 줄 알았으며, 이로써 집안을 도울 정도의 재물을 벌어들여 '첨재아동添財兒童'이라는 별칭까지 얻었다.

 그러나 흥미로운 점은, 옛사람들이 이처럼 비범한 재능을 지닌 아이들을 결코 무조건 칭송하지 않았다는 사실이다. 한유는 장 동자의 조숙한 재능에 감탄하면서도, 그가 성인의 도덕적 기준으로 평가받기에는 이르다는 점을 우려하였다. 그는 장 동자에게 현재의 재능에 안주하지 말고 더 깊은 수양과 학습에 정진할 것을 충고하였다. 왕안석王安石 역시 방중영이 재능을 일찍 소진한 뒤 더 이상의 학습 기회를 잃은 것을 안타까워하며 교육의 부재를 지적하였다.

이와 같은 우려의 시선은 오늘날에도 시사하는 바가 크다. 현대 사회에서는 이른바 '영재교육'이라는 이름 아래, 조기 교육의 열기가 전국을 달구고 있다. 부모들은 자녀가 영재반에 입성할 수 있도록 다양한 사교육 기관의 문을 두드리며, 성공의 문턱을 앞당기려 애쓴다. 그러나 그 열정은 때로 '양성養成'과 '조장助長2)'의 경계를 무너뜨린다.

본래 영재교육은 특수 교육의 일환으로, 소수의 학생에게 적합한 자원과 모델을 제공하는 것을 목표로 한다. 그러나 많은 부모들이 영재교육을 일종의 '입시명문'으로 오해하고, 자녀의 성공을 보장하

---

2) 알묘조장(揠苗助長) : 싹을 뽑아 자라도록 도와준다는 뜻으로, 급하게 이익을 보려다가 도리어 해를 입는 어리석은 경우를 비유한 말.
송나라 사람 중에 벼 싹이 자라지 않는 것을 안타깝게 여겨 이를 뽑아 올린[揠苗助長] 자가 있었다. 그가 돌아와서 집안사람들에게 말하기를 '오늘 내가 매우 피곤하다. 내가 벼 싹이 자라도록 도와주었다.'라고 하자, 그 아들이 달려가서 보았더니 벼 싹이 말라 죽어 있었다.(宋人有閔其苗之不長而揠之者, 芒芒然歸. 謂其人曰:『今日病矣, 予助苗長矣.』其子趨而往視之, 苗則槁矣.『맹자·공손추상』)

는 수단으로 삼고 있다. 이러한 그릇된 집단적 열망은 대체로 세 가지 신념에서 비롯된다.

첫째, '출세'를 자녀 인생의 최종 목표로 삼는다.
둘째, 영재는 적은 노력으로 큰 성과를 거둘 수 있다는 조급한 믿음이다.
셋째, 특별한 재능은 곧 사회적 우월성을 의미한다는 오만한 관점이다.

부모들은 영재교육의 그릇된 유혹으로 인해 열광하지만, 이러한 기대는 자녀의 자아와 내적 성장을 도외시한 채, 외적 성취에 몰두하는 위태로운 방향으로 흘러간다. 그런 행위의 결과는 과연 자식에 대한 사랑일까? 지나친 욕심의 해害일까? 자식은 부모의 뒷모습을 보고 큰다고 하였다. 아마도 우리는 나무의 나이테는 아무리 공을 들여도 한 해에 한 개만 자란다는 간단한 진리를 망각하고 있는 듯하다.
송대 대유학자 정이程頤는 인생의 세 가지 불행으로 다음을 들었다.

첫째, 소년등과少年登科이다.
  즉, 너무 이른 출세다. 이는 교만함과 자만으로 이어져 삶을 불행하게 할 수 있다.
둘째, 석부형제지세席父兄弟之勢이다.
  즉, 좋은 가문과 후광에 기대어 스스로의 노력을 소홀히 하는 것이다.

셋째, 유고재능문장有高才能文章이다.

즉, 뛰어난 재능에 지나치게 의존하여 스스로를 도태시키는 경우다.

이 세 가지는 모두 많은 이들이 바라는 것이지만, 그 이면에는 삶의 불균형이라는 어두운 그림자가 도사리고 있음을 경계한 말이다.

'속성速成은 만성晚成만 못하다.'라는 오래된 경구처럼, 진정한 성장은 조급함이 아니라 깊은 인내 속에서 비롯된다. 이는 단지 인성교육의 문제에 그치지 않는다. 그것은 인간이 삶의 본질과 어떻게 마주하는가에 대한 태도이며, 존재의 깊이를 가늠하는 하나의 척도이기도 하다.

공자가 이웃의 아이를 바라보며 품은 걱정, 한유가 장 동자에게 남긴 충언, 왕안석이 방중영의 삶을 회고하며 토로한 그 안타까움, 이 모든 고대인의 경계는 결국 한 가지 울림으로 수렴된다. 삶은 길고, 재능은 한때의 섬광에 불과하다. 만약 우리가 성공이라는 이름 아래 삶의 완성을 앞당기려 한다면, 그 순간 수단은 목적을 앞서고, 인간의 가치는 점차 그 본래의 무게를 잃고 말 것이다.

시간이 지나면 상해가는 음식이 있다. 그러나 시간이 지나야 비로소 그 진미를 발하는 음식도 있다. 사람도 그러하다. 시간이 흐름에 따라 부패하는 사람이 있는가 하면, 시간 속에서 성숙의 향기를 피워내는 이도 있다. 중요한 것은, 삶은 속도의 경주가 아니라, 그 시간 속에서 무엇을 익히고 어떤 결을 지녀가는가이다.

# 역자이교 易子而教
— 사랑과 이성 사이

**【원문】**

公孫丑曰:「君子之不教子, 何也?」孟子曰:「勢不行也. 教者必以正; 以正不行, 繼之以怒; 繼之以怒, 則反夷矣. 『夫子教我以正, 夫子未出於正也.』則是父子相夷也. 父子相夷, 則惡矣. 古者易子而教之. 父子之間不責善. 責善則離, 離則不祥莫大焉.」 『孟子·離婁上』

**【국역】**

공손추가 말하였다.

"군자가 직접 자식을 가르치지 않음은 어째서입니까?"

맹자께서 말씀하셨다.

"정황상 그렇게 할 수 없기 때문이다. 가르치는 자는 반드시 바른 도리로써 가르치려고 하는데, 바른 도리로써 가르쳐도 그 자식이 바른 도리를 행하지 않으면 노여워하게 되고, 노여워하게 되면 도리어 의도와는 반대로 둘 사이의 관계를 해치게 된다. 그러면 자식도 부모에 대해서 생각하기를 '아버지께서 나를 바른 도리로 가르치시지만,

아버지 자신의 행실도 반드시 바른 도리에서 나오지는 않으신다.'라고 할 것이다. 이렇게 된다면 이는 부자간에 서로 의義가 상하는 것이니, 부자간에 서로 의가 상하는 것은 나쁜 것이다. 그러므로 옛날에는 자식을 바꾸어 가르쳤으니, 부자간에는 선善하라고 요구하지責善 않으니, 선하라고 요구하면 정情이 떨어지게 된다. 부자간에 정이 떨어지게 되면 이보다 더 나쁜 것이 없기 때문이다."

**【유가의 가르침】**

　오늘날 우리는 교육을 위하여 수많은 연구를 수행한다.

　행동 양식, 교수법, 교육 환경 등 다양한 요소를 과학적으로 분석하여 보다 나은 방법을 모색하고, 교육 과정에서 마주하는 수많은 난제를 해결하고자 끊임없이 노력한다. 그러나 고대인들 역시, 비록 현대와 같은 체계적 연구 방법을 갖추지는 않았을지라도, 그 나름의 치밀하고 정연한 교육 구상을 지니고 있었다.

　『예기·학기學記』를 펼쳐 보면, 학습의 기능, 방법, 교육목적, 그리고 교사의 도리에 이르기까지 섬세히 논술되어 있으며, 이는 현대 교육론에 결코 뒤지지 않는 깊은 통찰을 보여준다.

　『논어·계씨季氏』편에는 공자가 자신의 아들 공리孔鯉를 가르친 일화가 기록되어 있다. 제자였던 진항陳亢이 공자가 아들에게만 특별한 가르침을 준 것은 아닌지 의문을 품자, 공리는 이렇게 답한다.

　"아버지께서는 나에게도 제자들과 다름없이 '시를 배우지 않으면 말을 제대로 할 수 없고, 예를 배우지 않으면 사람답게 설 수 없다.'는 점만을 강조하셨을 뿐, 어떠한 특혜나 사사로운 지도를 베풀지 않으셨다."1)

이 기록은 단순히 공자가 편애를 경계했다는 사실만을 보여주는 것이 아니다. 오히려 우리는 여기서 유가적 교육관의 중요한 단초를 발견할 수 있다.

공자는 아들을 따로 집에서 가르치지 않았다. 이는 『맹자』에 언급된 고대 풍속, 즉 "옛사람들은 자식을 바꾸어 가르쳤다易子而教"는 관행과 맥을 같이한다.

왜 그들은 자신의 자식을 직접 가르치지 않았을까?

---

1) 진강(陳亢)이 공자의 아들인 백어(伯魚)에게 물었다. "그대는 아버지에게서 특별한 가르침을 받은 적이 있는가?" 백어가 대답하였다. "없었다. 언젠가 아버지께서 홀로 서 계실 때에 내가 종종걸음으로 뜰을 지나가는데, '시(詩)를 배웠느냐?' 하고 물으시기에, '아직 배우지 못하였습니다.' 하고 대답하였더니, '시(詩)를 배우지 않으면 남과 말을 할 수가 없다.'고 하시므로, 내가 물러나 시(詩)를 배웠다. 다른 날 또 홀로 서 계실 때에 내가 종종걸음으로 뜰을 지나가는데, '예(禮)를 배웠느냐?' 하고 물으시기에, '아직 배우지 못하였습니다.' 하고 대답하였더니, '예(禮)를 배우지 않으면 설 수가 없다.'고 하시므로, 내가 물러나 예(禮)를 배웠다. 진강(陳亢)이 물러나와 기뻐하면서 말하였다. "하나를 물어서 세 가지를 얻었으니, 시(詩)를 들었고 예(禮)를 들었고 또 군자(君子)가 자기 아들이라 하여 특별하게 대하지 않는다는 사실을 알았다."
(陳亢問於伯魚曰:「子亦有異聞乎?」對曰:「未也. 嘗獨立, 鯉趨而過庭. 曰:『學詩乎?』對曰:『未也.』『不學詩, 無以言.』鯉退而學詩. 他日又獨立, 鯉趨而過庭. 曰:『學禮乎?』對曰:『未也.』『不學禮, 無以立.』鯉退而學禮. 聞斯二者.」陳亢退而喜曰:「問一得三, 聞詩, 聞禮, 又聞君子之遠其子也.」『논어·계씨(季氏)』)

이 물음에 대한 통찰은 최근 발굴된 상해박물관 출토 죽간 『성정론性情論』의 논의 속에서도 찾을 수 있다.

여기서는 '문내지친門內之親'과 '문외지친門外之親'을 구분한다. 문내란 혈연으로 맺어진 가족을, 문외란 혈연이 없는 외부 인연을 가리킨다.

혈연관계 안에서는 '정情'이 판단의 중심이 된다. 정이 지나치게 개입하는 관계에서는 이성적 판단이 왜곡되기 쉽다. 만약 정을 억제하고 오직 이성만으로 가족을 대한다면, 깊은 상처와 소원함을 초래할 위험이 있다.

반대로 외부 관계에서는 '이理'가 기준이 되어야 한다. 이성을 기준 삼지 않으면, 사사로운 감정에 휘말려 갈등이 빈발할 것이다.

이러한 맥락에서 맹자가 강조한 '역자이교易子而敎'는 단순한 교육 기술이 아니다. 사랑과 이성의 미묘한 균형을 지키기 위한 깊은 지혜의 표현이라 할 수 있다. 자식을 아끼는 마음을 해치지 않기 위해, 직접적인 훈계 대신 간접적 교육 방식을 택했던 것이다. 이는 현대 교육에서도 강조되는 '비난 대신 격려'의 원칙과도 통한다.

맹자는 또한 자녀 교육에 있어 '정도正道'를 따를 것을 권한다.

훈계보다 모범을 통해, 직접 명령하기보다 삶의 태도로 이끌어야 한다고 본 것이다. 이는 유가儒家 전통의 근본 원칙이자, 오늘날 가정 교육의 영원한 주제이기도 하다. 말로 훈계하기보다는, 부모 스스로가 바른 길을 걸으며 그 모습을 통해 감화시키는 것—이것이야말로 가장 깊은 교육이다. 자식은 부모의 뒷모습을 보고 큰다는 이치와 같은 것이다.

결국 '역자이교易子而教'의 핵심은 다음과 같다.

혈연관계 안에서는 사랑을 앞세워 이성적 비판으로 상처를 주지 말고,

혈연관계 밖에서는 이성을 앞세워 사사로운 감정에 휘말리지 말라.

사랑하는 이들에게 이성의 칼을 들이대기보다는, 따뜻한 정을 지키며 관계를 지속하라.

만약 사랑하는 사람에게 이성적 비판이 난무한다면, 가장 소중한 관계마저 무너질 수 있음을 깊이 경계해야 한다.

오늘날 우리는 다시 묻지 않을 수 없다.

자녀를 대할 때,

우리는 진정 사랑의 눈으로 바라보고 있는가?

아니면 교육이라는 이름으로, 때로는 이성의 칼날을 무심히 휘두르고 있지는 않은가?

『맹자』의 이 짧은 가르침은, 시대와 문명을 넘어 오늘의 우리에게도 여전히 깊은 성찰을 요구한다.

우리는 여전히

사랑과 이성 사이에서,

이성과 감성 사이에서,
부모로서, 교사로서, 한 인간으로서
어떻게 균형을 이룰 것인가를 묻고 또 물어야 한다.

# 배움은 출렁임을
# 지나 마음이 닿는 일

【원문】

閔子騫始見於夫子, 有菜色, 後有芻豢之色. 子貢問曰：「子始有菜色, 今有芻豢之色, 何也?」閔子曰：「吾出蒹葭之中, 入夫子之門. 夫子內切瑳以孝, 外為之陳王法, 心竊樂之；出見羽蓋龍旂旃裘相隨, 心又樂之. 二者相攻胸中而不能任, 是以有菜色也. 今被夫子之教寖深, 又賴二三子切瑳而進之, 內明於去就之義, 出見羽蓋龍旂旃裘相隨, 視之如壇土矣, 是以有芻豢之色.」《詩》曰：「如切如瑳, 如錯如磨.」『韓詩外傳』卷二

【국역】

　　민자건閔子騫1)이 처음에 공자를 뵈었을 때는 풀만 먹는 사람처럼

---

1) 중국 춘추시대 노(魯)나라 사람. 이름은 손(損). 자(字)는 자건(子騫). 공문십철(孔門十哲)의 한 사람으로, 효행(孝行)에 뛰어났다.

수척한 기색이 있더니, 나중에는 고기를 먹는 사람처럼 윤택한 낯빛이 있기에 자공子貢이 물었다.

"그대는 처음에 풀만 먹는 사람처럼 수척한 기색이 있더니, 지금은 고기를 먹는 사람처럼 윤택한 낯빛이 있으니, 어떤 까닭입니까?"

민자건이 말하였다.

"내가 궁벽한 고을 출신으로 선생님의 문하에 들었을 때, 선생님께서 안으로는 효孝로써 절차탁마하게 해주시고, 밖으로는 우리를 위해 왕법王法을 가르쳐 주시니 마음속으로 즐거웠지요. 그런데 밖으로 나가 깃털 일산을 드리운 수레가 용을 그린 깃발을 꽂고서, 털옷을 입고 화려하게 뒤를 따르는 사람들의 모습을 보았을 때도, 마음이 역시 즐거웠답니다. 이 두 개의 마음이 가슴 속에서 싸워 댔으니 감당하기 힘들었지요. 이 때문에 풀만 먹는 사람처럼 수척한 기색이 있었던 겁니다. 지금은 선생님의 가르침이 점점 깊게 스며 들었고, 여러 벗들의 도움으로 절차탁마하게 되어 진취하게 되니, 안으로는 거취去就의 의리가 분명해져서, 깃털 일산을 드리운 수레가 용을 그린 깃발을 꽂고서, 밖으로 나가 털옷을 입고 화려하게 뒤를 따르는 사람들의 모습을 보더라도 하찮은 흙덩이처럼 보게 되었지요. 이 때문에 윤택한 빛이 도는 겁니다."

《시경》〈위풍衛風 기오淇奧〉에 말하였다.

"깎고 다듬은 듯, 쪼고 간 듯 하시네."

**【유가의 가르침】**

　우리는 삶을 살아가며 수없이 많은 선택 앞에 선다. 그러나 그 선택이 진정 '나의 것'이라 말할 수 있으려면, 먼저 마음이 머물 자리를 찾아야 한다. 그 자리는 외부의 기준이나 타인의 기대가 아니라, 스스로의 신념이 고요히 안착하는 내면의 한켠이어야 한다.

　공자의 제자 민자건閔子騫의 일화는, 바로 그 '머물 자리'를 찾는 여정이 얼마나 섬세한 성찰과 인내의 시간을 요구하는지를 보여주는 상징적인 이야기로 시작된다. 이야기는 단 하나의 장면에서 출발한다. 화려한 깃발, 정제된 수레, 위엄 있는 호위 무리―누가 보아도 권위와 부귀의 상징인 귀인貴人의 행차였다. 그 장면 앞에서 민자건은 처음엔 마음을 빼앗긴다. 부귀의 상징 앞에서 일렁이는 감정이 솟고, 내면은 흔들린다. 그러나 같은 장면을 두 번째 마주했을 때, 그는 더 이상 동요하지 않았다. 그의 마음은 이미 자신이 선택한 길 위에 자리를 틀고 있었던 것이다.

　이 두 반응의 차이는 어디에서 비롯된 것일까? 그것은 단순히 지식의 유무나 도덕적 결단의 차이만으로는 설명되지 않는다. 오히려 그 차이는 '교육'이라는 이름으로 누적된 시간, 관계 속에서의 성찰, 그리고 반복되는 삶의 마디마디를 통해 내면에 축적된 변화에서 비롯된 것이다.

　이 이야기의 처음을 들으면, 문득 '상相은 마음에서 비롯된다'는 말을 떠올리게 된다. 사람의 반응은 그가 처한 외적 장면보다, 그 장면을 바라보는 내면의 상태가 어디에 머물러 있는지를 더 정확히 말해

준다.

민자건閔子騫은 두 차례에 걸쳐 동일한 장면을 마주한다. 화려한 깃발, 기품 있는 수레, 호위하는 수행자들—그는 똑같은 귀인貴人의 행렬을 바라보았지만, 두 번의 반응은 전혀 달랐다. 그 차이는 지식의 전달이 아니라, 관계 속에서 살아낸 교육, 곧 시간의 누적과 인격적 성숙이 만들어낸 내면의 변화를 보여준다.

유가儒家는 말한다. 진정한 덕성은 혼자만의 성찰 속에서가 아니라, 타인과의 지속적 관계 속에서 비로소 구체화된다고. 우리는 타인을 통해 자신을 비추고, 서로를 모방하며, 비교하고 영향을 주고받는다. 그 속에서 우리는 자신이 어느 지점에서 어그러졌는지, 나의 태도와 말이 타인에게 어떤 무게로 작용하는지를 비로소 배우게 된다. 이는 '근주자적, 근묵자흑近朱者赤, 近墨者黑'이라는 고전적 표현이 함의하는 바와 일맥상통한다.

민자건도 그러하였다. 처음 그는 공자의 가르침을 '이해'했으나, 그것은 인식에 머물렀고, 아직 마음에 깊이 내려앉은 신념이 아니었다. 그랬기에 처음 마주한 귀인의 행차 앞에서 마음이 흔들렸다. 부귀의 상징 앞에서 불현듯 동경이 피어났고, 그 순간 그는 자신의 내면에서 갈등을 느낀다. 가르침과 욕망이 충돌하는 자리, 그 지점이야말로 참된 배움이 시작되는 자리이다.

이후 그는 스승과 문인들과의 생활 속에서, 배움을 체득해 간다. 반복되는 일상과 관계 속에서, 축적된 경험은, 지식을 지혜로, 관념을 행동으로 전환시킨다. 그리하여 두 번째로 같은 행차를 마주하였을 때, 그는 더 이상 동요하지 않았다. 그의 마음은 이미 자신이 선택한 길 위에 단단히 자리 잡고 있었던 것이다.

이것이 바로 유가가 말하는 교육의 본령이다. 사람을 단번에 변화시키는 것이 아니라, 그가 스스로 옳다고 믿는 가치를 선택하게 하고, 그 선택 속에서 흔들림 없는 주체로 성장하도록 돕는 것. 교육은 가르침이 아니라 길러냄이다.

민자건의 변화는 '덕성德性의 교육'이 무엇을 지향해야 하는지를 조용히 증명한다. 교육은 단숨에 완성되는 것이 아니다. 그것은 머뭇거림, 갈등, 흔들림, 그리고 다시 돌아봄 속에서 천천히 길어 올려지는 내면의 확신이다. 그리고 그 확신은 결국 어느 삶의 순간에 외적 유혹 앞에서도 흔들림 없이 자신을 지켜내는 힘으로 되돌아온다.

이러한 마음의 단단함은 오늘날을 살아가는 우리에게도 여전히 유효하다. 우리는 매일 크고 작은 선택 앞에 선다. 세상은 우리에게 끊임없이 묻는다. "당신은 무엇을 좇는가?", "당신의 삶의 기준은 무엇인가?"

그 물음 앞에서 우리는 끊임없이 흔들리고, 비교하며, 갈등한다. 때로는 세상이 정한 기준에 억눌리고, 때로는 타인의 삶을 부러워하며 자신의 걸음을 의심하기도 한다. 그러나 민자건이 보여주듯, 삶은 결국 '의심하지 않는 믿음'을 찾아가는 과정이며, 그 믿음은 외부에서 주어지지 않는다. 책 속에만 있지도 않고, 타인이 대신 선택해 줄 수도 없다. 오직 스스로의 내면에 머물러 본 자만이, 그 믿음을 자신 삶으로 끌어안을 수 있다.

다시 말해, 마음이 머물 자리를 스스로 찾는 일, 그것이야말로 진정한 교육의 본질이며, 인간이 스스로를 온전히 세우는 방식이다. 교육이 미숙한 존재를 성숙한 존재로 이끄는 길이라면, 그것은 결코 신분 상승이나 출세 지향의 도구가 아니라, 삶의 질을 바꾸는 일이어야 한다.

# 배움의 순서, 사람의 길

**【원문】**

子曰:「吾十有五而志於學 ; 三十而立 ; 四十而不惑 ; 五十而知天命 ; 六十而耳順 ; 七十而從心所欲, 不踰矩.」『論語 · 爲政』

**【국역】**

공께서 말씀하셨다.

"나는 15세에 배움에 뜻을 두었고, 30세에 성립成立, 樹立하였고, 40세에 의혹疑惑하지 않았으며, 50세에 천명天命을 알았고, 60세에 말을 들으면 그 밑의 은미한 뜻을 일있으며, 70세에 마음이 하고자 하는 대로 따랐으되 법도를 넘지 않았다."

**【유가의 가르침】**

공자는 자신의 삶을 되돌아보며 말했다.

"나는 열다섯에 학문에 뜻을 두었고, 서른에 스스로 섰으며, 마흔에는 미혹이 없었고, 쉰에는 천명을 알았으며, 예순에는 귀가 순해졌고, 일흔에는 마음 가는 대로 하여도 법도를 넘지 않았다."

이 짧지만, 심오한 고백에는 인간의 성장, 학문의 경로, 덕성德性의 완성에 이르는 유학의 이상적인 수양 여정이 오롯이 담겨 있다.

공자는 열다섯을 '학문에 뜻을 두는 나이'라 했다. 주자는 이 구절을 해석하며,

"여기(학문)에 뜻을 둔다면 생각이 온통 여기에 있어, 이를 하면서도 싫증이 없게 되는 것이다."

志乎此, 則念念在此而爲之不厭矣.

라고 하였고, 형병邢昺은,

"성동의 나이가 되어 지식과 사려思慮가 비로소 밝아졌으므로 이에 학문에 뜻을 두었다는 말이다."

言成童之歲, 識慮方明, 於是乃志於學也.

라고 하였다. 이 시기는 단지 학문에 대한 흥미가 생기는 시점이 아니라, 삶의 중심을 '배움'에 두고 일생을 관통할 뜻을 세우는 근본적 전환

점이다.

서른이 되면 스스로 설 수 있어야 한다고 했다. 그러나 이 '立'은 단순한 경제적 독립이나 사회적 자립을 의미하지 않는다. 「태백泰伯」과 「계씨季氏」 두 편에서 "예에서 입신한다立於禮", "예를 배우지 않으면 설 수가 없다不學禮, 無以立"고 한 것처럼, 예禮에 기반한 행위의 규범을 정립하고, 그 위에서 인간으로서의 도리를 실천하는 삶, 그것이 곧 삼십이립三十而立의 진정한 의미다.

마흔에 미혹이 없다는 말은, 사물의 이치를 꿰뚫고 인생의 방향을 분명히 자각하게 되었음을 뜻한다. 주자朱子의 말처럼,

"사물의 당연한 바에 대하여 어떤 의심도 없다면, 앎이 명료해져서 지키는 문제에 대하여 일삼을 바가 없게 되는 것이다."

於事物之所當然, 皆無所疑, 則知之明而無所事守矣.

라고 하였다. 『논어·자한子罕』편에 말한 바와 같이,

"지혜로운 자는 미혹되지 않는다."

知者不惑.

라고 하였듯, 이해의 깊이는 내면의 확신으로 이어지고, 그 확신은 삶의 중심을 흔들림 없이 지탱하게 한다.

쉰이 되면 하늘의 명命을 안다고 했다. 인생의 경험과 성찰을 통해 비로소 하늘의 뜻―즉 만물과 인간에게 부여된 존재의 이치를 깨닫게 된다는 의미다. 주자는,

"천명이란, 즉 천도天道가 유행하여 만물에 부여된 것으로, 그것이 곧 사물의 당연한 연고가 되는 것이다."

天命, 卽天道之流行而賦於物者, 乃事物所以當然之故也.

라고 하였다. 이것은 단순한 운명론이 아니라, 삶 전체가 자신을 길러 온 '하늘의 이치'임을 깨닫게 되는 것이다.

예순에 이르러 '귀가 순해졌다.' 했다. 정현鄭玄은 이 구절을,

"말을 들으면 그 속뜻을 알게 된다."

聞其言而知其微旨也.

고 풀이했듯, 이는 단순히 경청하는 능력을 넘어, 말 너머의 의미와

감정을 헤아릴 수 있는 깊은 통찰의 경지다. 삶의 경륜이 쌓이니, 말의 진실과 허위를 가려내는 혜안慧眼이 자연스레 길러지는 것이다.

그리고 일흔이 되어서는 "마음 가는 대로 하여도 법도를 넘지 않게 되었다."라고 했다. 이는 공자가 수양이 완전히 내면화되어, 본성의 욕구조차 도道와 일치하게 된 경지를 가리킨다. 예禮가 삶의 일부가 되고, 도덕이 곧 자아가 된 완성의 경지다.

이처럼 공자의 수양사는 단순한 생애의 연대기가 아니라, 삶과 도덕의 깊이를 더해가는 인격 완성의 과정이자 유학적 교육의 모범이다.

고대 유학자들은 공자의 수양修養 여정을 단지 개인의 회고로 보지 않았다. 그들은 이를 인간 수양의 보편적 원형으로 간주하며, 학문은 반드시 순차적으로 진행되어야 하며 단계를 건너뛰어서는 안 된다고 역설하였다.

『예기·학기學記』편은 태학太學에서의 교육 과정을 구체적으로 밝히며, 점진적으로 진척되는 과정을 기술한다. 입학 첫해에는 경전의 글귀를 익히고 뜻을 분별하며, 3년 차에는 학업에 임하는 자세와 공농체적 삶의 태도를 익히며, 5년에는 폭넓은 학문과 스승에 대한 존경을 실천하고, 7년에는 논학論學과 우정을 논하며 '소성小成'에 이른다. 그리고 9년 차에는 사물의 유추와 의리에 통달하고, 행실이 굳건해져 '대성大成'에 도달한다.[1]

---

[1] 國有學. 比年入學, 中年考校. 一年視離經辨志, 三年視敬業樂群, 五年視博習

「대학」편 또한 격물格物 → 치지致知 → 성의誠意 → 정심正心 → 수신修身 → 제가齊家 → 치국治國 → 평천하平天下로 이어지는 학문과 덕행의 순차적 발전을 강조하고 있다.

주자는 사서四書의 독서 순서도 『대학』→『논어』→『맹자』→『중용』으로 제시하며, 이를 인격 수양의 순차적 구조로 설명한다. 『대학』은 수양의 문을 여는 입문서로서 인간됨의 구조를 세우게 하고, 『논어』는 공자의 언행을 통해 내면의 중심인 '인仁'과 '예禮'를 체득하게 한다. 『맹자』는 기백이 분발하는 정신적 고양의 단계로서 '호연지기浩然之氣'와 '성선설性善說'을 통해 정의감의 실천을 강조하고, 『중용』은 수양의 정점에서 천명天命과의 합일을 지향하는 궁극적 경지를 다룬다.

이 독서 순서는 단순한 난이도나 학습 편의를 고려한 것이 아니다. 그것은 입문 → 심화 → 분발 → 완성이라는 유학 수양론의 철학적 질서를 고스란히 반영한 교학敎學의 서사이다. 학문은 쌓아야 하는 것이며, 교육은 뛰어넘는 것이 아니라 더해 가는 것이다.

그렇다면, 오늘날 우리는 어디에 서 있는가?

오늘날의 교육은 근대 서구의 체제 위에 세워진 지식 중심, 기능 중심, 결과 중심의 시스템을 기반으로 하고 있다. 그러나 이 속에서 '인격 수양'과 '덕德의 형성'은 점점 주변화되고 있다. 물론 인격은 단지 교육만으로 형성되지는 않는다. 그러나 학교와 가정, 사회가 '무

---

親師, 七年視論學取友, 謂之小成 ; 九年知類通達, 強立而不反, 謂之大成.

엇이 옳은가?'를 묻지 않는다면, 개인은 삶의 기준을 어디에서 찾아야 하는가?

공자가 일흔에 이르러 "마음 가는 대로 하여도 법도를 넘지 않는다."라고 회고한 그 말은, 그 자체로 인격의 완성과 덕성의 통일을 상징하는 말이다. 그는 단지 도덕을 행한 것이 아니라, 도덕이 마음이 된 경지에 이른 것이다.

우리는 지금, 그 수양의 여정 가운데 어디쯤 와 있는가?
우리는 지금, 무엇을 위한 배움을 실천하고 있는가?

이 질문은 과거에 대한 회고가 아니라, 지금 이 자리에서 우리가 마주해야 할 가장 실천적인 성찰이다.

학교는 지식을 공급하는 장소가 아니라, '학문學問하는 법'을 익히는 공간이다.

학문은 '무엇이 마땅한가宜?'를 익히는 과정이며, 이 마땅함의 기준은 결코 과거형이 되어서는 안 된다. 현재 진행형이 되어야 한다.

대학은 대학 바깥을 위한 도구가 아니라, 대학 그 자체로 진리를 추구하는 장이어야 한다.

교육은 학생이 '원하는 것'을 제공하는 것보다, 학생을 '위하는 것'이 되어야 한다.

아무리 공을 들여도 나무의 나이테는 한 해에 한 개만 자라듯, 교육은 본질적으로 점진적이며 지속적이어야 한다. 단계를 건너뛰는 교육은, 결국 깊이를 잃는다.

공자의 일흔은 단지 수명이 아니라, 수양의 깊이다.
우리의 교육도, 그 깊이를 향해 나아가고 있는가?

# 실천과 실용 없는 학문의 공허함
― 외워도 쓸 줄 모르면, 배우지 않은 것과 같다

【원문】

子曰:「誦『詩』三百, 授之以政, 不達. 使於四方, 不能專對; 雖多, 亦奚以爲?」『論語·子路』

【국역】

　공자가 말하였다. "시詩 삼백三百을 다 외우면서도 정치의 임무를 맡겼을 때 제대로 해내지 못하고, 각국의 사신으로 가서 단독으로 응대(처리)하지 못한다면, 비록 많이 외운다 한들 역시 무슨 쓸모가 있겠는가?"

【유가의 가르침】

　『논어』에는 공자가 학문과 배움의 도리에 대해 논한 기록이 유독 자주 등장한다. 그 가운데 특히 '호학好學'이라는 개념은 공자의 교육철학을 상징적으로 드러내는 핵심어로 자리매김한다. 공자는 이를 다음과 같은 말로 표현하였다.

배움은 마치 미치지 못하는 듯이 하며, 그러고도 오히려 잃을까 두려워해야 한다.

學如不及, 猶恐失之. 『論語·泰伯』

이는 배움이 외부로부터 들어오는 것이기에, 완숙한 경지에 이르러야 비로소 오래도록 잃지 않을 수 있다는 점을 시사한다. 그러므로 공자는 배움을 "아직 미치지 못한 듯이 하며, 그럼에도 불구하고 잃을까 두려워해야 한다"라고 하였다. 이러한 표현은 배움을 단순한 지식의 축적이 아니라, 끊임없는 긴장과 성찰 속에서 유지되어야 할 태도로 이해한 공자의 학문관을 단적으로 드러낸다.

공자는 학문에 대한 태도에서 특히 간단間斷없는 부지런함을 강조하였다. 그는 학문하는 과정을 산을 쌓는 일에 비유하여 다음과 같이 말한다.

공자께서 말씀하셨다. "학문學問하는 것은 비유하자면 산山을 쌓는 것과 같으니, 산을 쌓을 때 마지막 흙 한 삼태기를 쏟아붓지 않아, 산을 완성시키지 못하고 그만두는 것도 내가 그만두는 것이요. 학문하는 것은 비유하자면 땅을 고르는 것과 같으니, 땅을 고를 때에 흙 한 삼태기를 쏟아부어 시작하는 것도 내가 나아가는 것이다."

子曰:「譬如爲山, 未成一簣, 止, 吾止也. 譬如平地, 雖覆一簣, 進, 吾往也.」『論語·子罕』

이 말은 학문하는 것을, 흙을 쌓아 산을 만드는 것에 비유하면, 성공은 단절 없이 이어지는 작은 노력의 축적이라는 사실을 상기시킨다.

학습의 태도뿐 아니라, 학습의 대상에 대해서도 공자는 열린 자세를 견지하였다. 공자는 "세 사람이 길을 가면 그 가운데 반드시 나의 스승 될 만한 사람이 있다.三人行, 必有我師焉"고 하였다. 이는 누구에게서든 배울 수 있다는 공자의 겸허한 학문관을 드러내며, 모든 인간은 타인에게서 본받을 점을 발견할 수 있다는 보편적 학습의 가능성을 시사한다.

또한 공자는 많은 학습 방법을 논하면서 사람들에게 "민첩하면서 배우기 좋아하고, 아랫사람에게 묻기를 부끄럽게 여기지 않는다敏而好學, 不恥下問."라는 말로 학문에 대한 적극성과 겸손을 권장하였다. 그러나 공자는 기계적 암기나 무비판적 수용은 탐탁지 않게 여겼다. 이 때문에 공자는 "배우기만 하고, 생각하지 않으면 얻는 것이 없어 공허하고, 생각하기만 하고 배우지 않으면 명확한 지식을 얻지 못해 위태롭다.學而不思則罔, 思而不學則殆."고 강조하였다. 배움과 사유는 병행되어야 한다는 점을 역설한 것이다.

공자는 이와 같은 학문에 대한 통찰을 바탕으로 주입식 교육이 아닌 계발식啟發式 교육의 중요성을 강조하였다.

공자께서 말씀하셨다. "알려고 애쓰지 않으면 가르쳐주지 않고, 표현하지 못해 애태우지 않으면 말해주지 않으며, 한 귀퉁이를 들어 보였을 때 이것으로 남은 세 귀퉁이를 유추하여 반증反證하지 못하면 다시 더 일러주지 않는다."

子曰 :「不憤不啟, 不悱不發. 舉一隅不以三隅反, 則不復也.」『論語·述而』

이처럼 공자는 학습자의 내적 동기와 창의적 사고를 학문의 전제로 삼았다. 스승은 단순한 지식 전달자가 아니라, 학습자가 스스로 사유하고 탐구할 수 있도록 길을 열어주는 존재여야 하며, 학습자는 능동적인 자세로 그 길을 따를 준비가 되어 있어야 한다는 것이다.

학문은 현실과의 연결을 통해 비로소 완성된다고 본 공자는 『논어·자로』편에서 "학문은 반드시 실생활에 응용되어야 한다"고 강조한다. 그는 아들 이鯉에게 『시경』을 배웠느냐고 묻고, 배우지 않았다는 대답에 "『시경』을 배우지 않으면 말을 할 수 없다不學詩, 無以言"고 단언하였다. 이는 단순한 암기식 교육이 아니라, 문화와 교양을 통한 소통 능력의 중요성을 역설한 것이다.

당시 『시경』은 국가 간의 외교에서도 중대한 수단으로 기능하고 있었다. 『시경』을 익히는 것은 곧 정사政事를 처리하고 외교적 의사를 표현하는 능력을 기르는 과정이었다. 공자는 "『시경』 3백 편을 모두 외웠다 하더라도 정치를 잘 다스리지 못하고 외국과의 교섭에서 적절히 응대하지 못한다면, 그것은 『시경』을 배우지 않은 것과 같다"고 말하며, 학문은 실용적 지혜로 연결되어야 함을 일깨웠다. 『좌전』에는 실제로 『시경』의 구절을 활용하여 외국 사신과 교유하거나 국정을 논하는 사례가 다수 기록되어 있으며, 이는 학문과 현실이 유기적으로 결합되어야 함을 보여주는 생생한 증거이다.

이러한 관점에서, 청淸나라 시인 황경인黃景仁은 '잡감雜感'이라는 시에서 '아무짝에도 쓸모없는 것이 서생이다百無一用是書生.'라고 탄식했던 것도 단순한 독서에만 치우친 부패한 지식인을 풍자한 것이라 할 수 있다. 진정한 선비란 학문을 수양의 도구로 삼는 동시에, 그것을 사회적 책임과 정치적 실천으로 연결시키는 존재이다. 그러므로 고대의 대유大儒들은 학자이자 정치가였으며, 유가 교육의 궁극은 바로 이와 같은 이상적 인간상을 길러내는 데 있었다.

오늘날 많은 학생들이 "실생활에 활용할 수 없는 공부가 무슨 의미가 있는가?"라고 반문한다. 이 의문은 일면 타당해 보일 수 있다. 그러나 교육은 단기적 효용을 위한 도구가 아니라, 인성과 내면의 질을 함양하고 삶의 근본을 다지는 과정이다. 인문학은 인간다운 인간이 되기 위한 학문이며, 사람의 무늬와 뿌리를 튼튼히 하는 학문이다. 자연과학은 보다 깊은 세계를 이해하기 위한 기초 지식이다. 당장은 눈에 띄지 않을 수 있으나, 이러한 학문은 때로 한 인간의 삶 전체를 지탱하는 근력이 된다.

학습 과정에서 우리는 종종 지치고, 왜 배워야 하는지를 의심하게 된다. 이때 스승과 부모가 학문의 의미와 기쁨을 삶의 경험으로 제시할 수 있다면, 학생은 배움의 목적을 새롭게 발견하게 될 것이다. 만약

책 속의 지식만을 무비판적으로 주입한다면, 학생은 학문의 즐거움을 체감할 수 없으며, 아무리 교재를 바꾸고 형식을 다양화해도 결과는 여전히 수동적 교육에 그치게 된다. 그것은 곧 고인들이 비판하였던, 실천력 없는 죽은 학문, 허황한 독서로 전락한 학습일 수밖에 없다.

교육의 본질은 미숙한 존재를 성숙한 인간으로 길러내는 데 있다. 학문에는 본래 귀천이 있을 수 없으며, 시대가 요구하는 바에 따라 그 방식과 역할이 달라질 뿐이다. 그러므로 교육은 신분 상승이나 출세를 위한 수단으로 전락해서는 안 되며, 오히려 인간 내면의 성찰을 이끌고, 삶의 질을 변화시키는 계기가 되어야 한다.

공자는 "비록 많이 외운다 한들, 무슨 소용이 있겠는가?"라고 묻는다. 이 짧은 한마디는, 우리에게 지식의 양이 아닌 삶을 향한 배움의 자세를 돌아보게 한다. 암기된 문장이 실천되지 않고, 사유思惟 없는 공부가 무비판적으로 반복된다면, 그것은 공허한 지식일 뿐이다.

진정한 배움은 시험지 위의 정답으로 머무르지 않는다.

참된 교육은 사람을 변화시킨다. 그 변화는 이력의 높낮이에 있지 않다. 그것은 한 사람의 말투와 눈빛, 타인을 대하는 태도, 스스로를 다스리는 방식 속에 스며든다. 그리고 바로 그 순간, 배움은 더 이상 외부로부터 주입된 것이 아니라, 내면에서 스스로 자라나는 삶의 등불이 된다. 이처럼 배움은 결국 사람을 닮아가는 일, 그리하여 사람답게 살아가는 법을 익혀가는 여정이다. 그리고 그 여정의 끝에서야 우리는 묻는다.

배움은 어디에 이르러야 비로소 삶과 만나는가?

# 불확실한 것에서, 마음을 지킨다는 것

【원문】

公伯寮愬子路於季孫. 子服景伯以告, 曰:「夫子固有惑志於公伯寮, 吾力猶能肆諸市朝.」子曰:「道之將行也與, 命也. 道之將廢也與, 命也. 公伯寮其如命?」『論語·憲問』

【국역】

　　공백료公伯寮[1]가 계손季孫에게 자로子路를 참소하자. 자복경백子服景伯[2]이 그 일을 공자에게 고하였다. "계손씨가 공백료에게 마음이 단단히 미혹되어 있으니, 제 힘으로도 오히려 그를 죽여 저자나 조정에 그 시신을 펼쳐놓게 할 수 있습니다." 공자가 말하였다. "앞으로 나의 도가 실행되는 것도 운명이고, 앞으로 나의 도가 폐기되는 것도 운명이니, 공백료가 그 운명을 어찌하겠습니까?"

---

1) 노(魯)나라 사람으로 성(姓)은 공백(公伯), 이름은 료(寮)이며, 자(字)는 자주(子周)이다.
2) 노(魯)나라 대부 자복하기(子服何忌)이다. 자복(子服)은 씨(氏)이며 시호는 경(景)이고, 백(伯)은 자(字)이다.

**【유가의 가르침】**

공백료와 자로는 모두 계손의 가신이다. 어느 날 공백료는 자로가 죄를 지었다며 거짓으로 무고하여 계손에게 참소하였다. 이 상황을 알게 된 자복경백은 공자에게 이를 고하며, 계손에게 자로의 무죄를 변론하고, 나아가 공백료를 처단하고 그 시신을 드러내 보이게끔 할 수 있다고 말하였다. 그러나 공자는 자복경백의 제안에 동의하지 않았다. 그리고 다음과 같이 말하였다.

"도道가 무너지거나 실행되는 것은 모두 천명天命에 달려 있다. 아무리 공백료가 참소에 능하다 하더라도, 어찌 하늘의 명命을 거스르고 자로를 흥성하게 하거나 멸망하게 할 수 있겠는가?"라고 말한 것이다.

이 일화는 공자가 말한 '천명'이 단순한 숙명론이 아님을 보여준다. 오히려 그것은 인간의 도리를 다한 뒤에야 비로소 받아들일 수 있는, 겸허한 태도이다.

우리는 언제나 알 수 없는 내일을 향해 걸어간다. 시간은 그 누구에게도 앞날을 미리 예고하지 않으며, 삶은 단 한 번도 완전한 준비 아래 시작된 적이 없다. 어쩌면 인간이 살아간다는 것은, 본질적으로 불확실성과 공존하는 일인지도 모른다. 그러나 그 불확실성은 반드시 두려움만을 뜻하지는 않는다. 그 안에는 가능성이 있고, 질문이 있으며, 무엇보다도 선택할 수 있는 여지가 있다. 우리는 매일의 삶 속에서 그 여지를 붙들고, 아주 작고 사적인 방식으로 세상에 응대한다. 때로는 망설이고, 때로는 믿으며, 우리는 한 걸음씩, 마치 멈추면 쓰러지는 자전거와 같이 지속적으로 앞을 향해 나아간다.

　우리가 할 수 있는 일은 언제나 유한하며, 아무리 최선을 다해 준비한다 해도 결과는 언제나 우리의 영역 밖에 있다. 공자는 그 불확실한 경계를 다음과 같은 말로 정리하였다.

"군자는 천명을 두려워한다."

이는 수동적 체념이나 숙명론적 포기가 아니다. 오히려 그것은 자기 도리를 다한 자만이 가질 수 있는 맡김과 평정의 여유 있는 자세이다. 유학은 우리에게 묻는다.

"그대! 할 일을 다하였는가? 그렇다면 그다음은 '유지천명由之天命'이다."

미지의 미래를 앞에 두고 살아가는 우리는, 늘 불확실성과 호기심 사이에서 불안을 동반자로 삼는다. 앞날을 예단할 수 없는 조건 속에서 우리는 흔들리면서도, 가능성에 기대어 다시 발걸음을 내디딘다. 그렇게 삶은 매 순간 새롭게 시작되고, 삶의 시간은 끊임없이 이어진다. 그러나 승패와 성과가 냉정하게 구획되는, 이른바 '제로섬의 세계' 속에서, 우리는 어느 순간 스스로에게 질문을 던지게 된다.

"내가 지금 기울이고 있는 이 모든 노력은, 과연 그 결과와 동일한 가치일까?"

"정성을 다하면, 정말 하늘은 그 뜻을 저버리지 않을까?"

그러나 잠시 멈추어 자문해 보면, 정작 우리가 쏟고 있는 이 '노력'의 실질조차 때로는 객관적으로 측정하거나 확신하기 어렵다는 사실을 깨닫게 된다. 더 나아가, 우리가 마주하는 삶의 결과는 결코 우리의 노력만으로 결정되지 않는다는 현실 또한 받아들이게 된다.

수많은 '나 아닌 것들'—즉, 외부 환경, 사회구조, 우연적 사건, 타인의 선택—이 결과에 깊이 관여하며, 우리는 그 모든 것을 온전히 통제할 수 없다. 결국 우리는 인생의 갈림길마다 막막한 고독과 불확실성 속에서, 선택에 최선을 거듭하며, 작고 불완전하지만, 끈기 있는 걸음을 내디딜 수밖에 없다. 그 걸음은 더디고 불안하지만, 그럼에도 불구하고 삶은 그러한 과정에서만 비로소 앞을 향해 나아간다.

그래서 사람들은 다가올 실패의 원인을 미리 진단하고자 하거나, 성공의 정당성을 확보하기 위해 점을 치거나 신의 계시를 구하기도 한다. 알 수 없는 운명의 실마리를 쥐고자 애쓰며, 그렇게라도 자신을 안위安慰하고 내면의 불안을 잠시 가라앉히고자 하는 것이다. 이러한 행위들은 인류가 오랜 시간에 걸쳐 공유해 온 본능적 대응 방식이기도 하다. 그러나 이러한 외적 의존과 별개로, 우리 스스로를 보다 주체적으로 안정시킬 수 있는 내적인 방식은 과연 없는 것인가?

『논어』를 읽다 보면, 공자가 하늘이나 운명에 대해 장황하게 논한 흔적은 그다지 많지 않다. 오히려 그의 제자들은 이렇게 회고한다.

"선생님께서는 이익에 대해, 운명에 대해, 그리고 인仁에 대해서도 좀처럼 말씀하지 않으셨다."3)

왜 공자는 이처럼 근본적인 주제들을 자주 언급하지 않았던 것일까? 그 이유는 아마도, '이익', '운명', '인仁'이라는 개념은 인간의 의지만으로 도달하거나 실현될 수 없는 것이기 때문일 것이다. 그러한 가치들은 언제나 외적 조건의 협조를 필요로 하며, 인간의 통제를 벗어난 우연성과 불확실성의 영역에 깊이 뿌리 내리고 있다. 따라서 공자의 가르침은 결과를 예측하거나 운명을 논하기보다는, 누구나 지금 이 자리에서 실천할 수 있는 삶의 태도와 수양의 방향에 집중되어 있다.

그의 가르침은 결과를 예측하거나 운명을 규정짓는 것이 아니라, 결과와 무관하게 자신의 삶을 지탱할 수 있는 인격적 기반을 어떻게 구축할 것인가에 대한 모색이라 할 수 있다. 그렇다면 공자는 '운명' 자체를 부정했던 것일까? 그렇지는 않다. 『논어』의 또 다른 대목에서 그는 다음과 같이 말한다.

공자가 말하였다.

---

3)「子罕言利與命與仁」,『論語·子罕』.

"군자로서 두렵게 여겨야 할 것이 세 가지 있다. 천명을 두렵게 여겨야 하는 것, 대인을 두렵게 여겨야 하는 것, 성인의 말씀을 두렵게 여겨야 하는 것이 이것이다."

孔子曰 :「君子有三畏 : 畏天命, 畏大人, 畏聖人之言.」
『論語·季氏』

이 구절에서 분명히 드러나듯, 공자는 인간의 삶을 둘러싼 궁극적 질서로서 '하늘의 뜻' 곧, 인간의 이성이나 능력으로는 완전히 파악할 수 없는 초월적 차원을 인정하고 있다.

그는 그것을 경외의 대상으로 명시함으로써, 인간의 힘으로는 도달할 수 없는 세계가 존재함을 인정하고, 그 앞에서 마땅히 갖춰야 할 겸허함을 강조한 것이다. 결국 중요한 것은, 이러한 '알 수 없는 것들' 앞에서 우리가 어떤 태도로 서 있을 것인가이다. 불확실한 세상 앞에서 우리의 과제는, 그 모호함에 짓눌려 절망하는 것이 아니라, 오히려 그 불확실성을 하나의 조건으로 받아들이고, 그 안에서 지금 내가 할 수 있는 가장 작은 일을 묵묵히 해나가는 것이다.

미래에 대한 불안이 깊어질수록, 우리의 시선은 더욱 '지금, 이 순간'으로 옮겨져야 한다. 삶은 본디 단 한 걸음 앞을 비추는 희미한 등불을 들고 나아가는 여정이다. 그 작고 불완전한 빛에 집중할 때, 우리는 조금 더 차분하게, 온전히, 그리고 주체적으로 우리 삶을 살아낼 수 있다.

반딧불보다 작은 지식으로 세상을 밝히려는 누를 범하지 말아야 한다.

# 정(情)  정이 깃든 삶은 언제나 싱그럽다.

정은 인간다움의 가장 따뜻한 결이다.
정이 오갈 때, 일상은 비로소 제 온기를 되찾고, 삶은 촉촉한 생기로 물든다.
정은 말보다 오래 남는 기억이며, 스치듯 지나간 순간에도 은은한 향기를 남긴다.
그것이 곧 사람이 사람을 안다는 뜻이며, 관계라는 이름의 연(緣)이 시작되는 자리다.

# 부모를 향한 마음, 사람됨의 근본
— 자로의 삶에서 배우는 유가적 실천

**【원문】**

子路見於孔子曰：「負重涉遠, 不擇地而休；家貧親老, 不擇祿而仕. 昔者由也事二親之時, 常食藜藿之實, 爲親負米百里之外. 親歿之後, 南游於楚, 從車百乘, 積粟萬鐘, 累茵而坐, 列鼎而食, 願慾食藜藿, 爲親負米, 不可復得也.」
孔子曰：「由也事親, 可謂生事盡力, 死事盡思者也.」
『孔子家語 · 致思』

**【국역】**

자로子路가 공자를 뵙고 말하였다.

"무거운 짐을 지고 먼 길을 가자면 땅의 상태를 따지지 않고 쉬고, 집이 가난하고 부모가 늙으면 녹봉의 많고 적음을 따지지 않고 벼슬을 하는 법입니다. 예전에 제가 부모를 섬길 때에 늘 명아주와 콩잎을 먹으면서도 부모를 위해 백 리 밖에서 쌀을 지고 왔습니다. 그런데 부모가 돌아가신 뒤로 남쪽으로 초楚나라에서 벼슬을 하여 수행하는 수레가 백승百乘이고 쌓인 곡식이 만종萬鍾이며, 방석을 겹쳐서 깔고 앉고 솥을 벌여놓고 먹는 부유한 형편이 되었습니다. 하지만 그때처럼 명아주와 콩잎을 먹으면서 부모를 위해 쌀을 지고 오고 싶어도 다시는 할 수가 없습니다."

공자가 말하였다.

"유由가 부모를 섬기는 것이, 살아 있을 때에는 힘을 다해 섬기고 돌아가셨을 때에는 마음을 다해 섬겼다고 할 만하다."

## 【유가의 가르침】

예로부터 '효孝'는 유가儒家 사상에서 가장 근본적이면서 핵심적인 덕목으로 자리매김해 왔다. 공자 역시 이를 결코 가볍게 여기지 않았다. 그는 단지 부모에게 음식을 제공하는 행위를 '효'라 하지 않았다. "개나 말까지도 모두 사람을 봉양함이 있으니 어찌 단순한 봉양만으로 사람의 도리를 다했다고 말할 수 있겠는가?"[1]라는 그의 물음은, 효란 단순한 생계의 책임을 넘어, 진심 어린 '공경敬'이 반드시 수반되어야 함을 분명히 한다. 맹자도 "먹이기만 하고 사랑하지 않으면 돼지로 기르는 것이고, 사랑하기만 하고 공경하지 않으면 짐승으로 기르는 것이다."[2]라고 하였다. 공경은 삶의 형식이자 태도의 철학이

---

1) 자유가 효를 묻자, 공자께서 말씀하셨다. "오늘날 효도라는 것은 단지 봉양을 잘하는 것만을 이른다. 심지어 개나 말까지도 모두 〈사람을〉 잘 봉양함이 있으니 〈자식이 부모를 봉양하기만 하고〉 공경하지 않는다면 〈犬馬가 사람을 봉양하는 것과〉 무엇이 다르겠는가?"(子游問孝. 子曰:「今之孝者, 是謂能養. 至於犬馬, 皆能有養 ; 不敬, 何以別乎?」,『논어·위정(爲政)』)

2) 맹자가 말하였다. "먹여주기만 하고 사랑하지 않는 것은 돼지로 여겨 대접하는 것이요, 사랑하면서 공경하지 않는 것은 가축으로 여겨 기르는 것이다. 공경(恭

며, 무엇보다도 실천적 도덕의 출발점이다.

이러한 점에서 공자의 제자 자로子路의 가르침은 오늘을 살아가는 우리에게도 깊은 울림을 남긴다. 당시의 지식인들 가운데는 고위직이 아니면 벼슬에 나서지 않겠다는 태도를 보이는 이들이 적지 않았지만, 자로는 단호히 말한다.

"가난한 집안에 늙은 부모가 계시거든, 녹祿을 가리지 말고 벼슬에 나서야 한다."

이 말은 현실적 타협이 아니다. 오히려 진정한 효란, 부모의 삶을 위해 자신의 이상을 잠시 유보할 수 있는 용기와 판단에서 비롯된다는 선언이다. 자로는 자신의 꿈과 뜻을 맹목적으로 추구하지 않는다. 그는 현실을 외면하지 않되, 그 안에서 부모의 삶을 온전히 품어 안을 수 있는 유연한 윤리의식을 보여준다. 그것은 자기완성에 앞서 '타인을 위한 자리매김'이 먼저임을 일깨우는 삶의 태도이다.

돌이켜 보면, 시대가 달라져도 부모는 언제나 자녀의 삶을 가장 가까이에서 지지해 주는 조용한 후원자다. 그들은 자녀의 성취를 누구보다 간절히 기원하면서도, 자녀에게 짐이 되고 싶지 않다는 마음으로 늘 스스로를 감춘다. 이처럼 말 없는 배려와 인내 앞에서, 우리

敬)이라는 것은 선물을 올리기 전에 이미 갖추어져 있어야 하는 것이다. 공경하면서 실질이 없으면 군자는 그런 헛된 것에 얽매이지 않는다."(孟子曰 :「食而弗愛, 豕交之也 ; 愛而不敬, 獸畜之也. 恭敬者, 幣之未將者也. 恭敬而無實, 君子不可虛拘.」, 『맹자·진심상(盡心上)』)

는 자식으로서 과연 어떤 태도를 지니고 있는가?

오늘날 많은 이들이 오로지 '나'의 성공만을 좇느라, 가장 가까운 이들의 삶을 외면하거나 망각한다. 그러나 우리가 인생의 여정에서 성취를 향해 달려가는 바로 그 순간에도, 부모는 자신의 노년을 조용히, 그러나 빠르게 지나가고 있다. "나무는 고요하고자 하나 바람이 그치지 않고, 자식은 봉양하고자 하나 부모는 기다려주지 않는다樹欲靜而風不止, 子欲養而親不待"는 말처럼, 때를 놓친 효는 아무리 정성을 다하더라도 결국 허공을 향한 사죄로 남을 뿐이다.

유가儒家가 말하는 효는 결코 추상적인 미덕이 아니다. 그것은 일상의 언어와 음식, 물질과 정성에 깃든 살아 있는 도덕이다. 자로는 부모가 생존해 있을 때, 백 리 길을 걸어 쌀을 져 나르며 정성껏 봉양했다. 그리고 부모가 세상을 떠난 뒤에는, 더 이상 효를 다할 수 없다는 사실에 깊은 슬픔을 간직하며 살아갔다.

이러한 자로의 삶은 오늘날 우리 사회가 직면한 윤리적 풍경을 돌아보게 한다. 물질적으로는 그 어느 때보다 풍요한 시대를 살아가고 있지만, 그에 비례하여 효의 정신은 오히려 점점 희미해져 가고 있는 것은 아닌가? 오늘날의 청소년들은 흔히 '귀하게 자란 세대'라 불린다. 그러나 그들은 때로 고난에 취약하고, 실패에 불안해하며, 타인의 고통에 무감각한 모습을 보이기도 한다. 부모의 헌신은 당연한 권리로 간주되고, 받은 것을 돌려주려는 윤리는 점차 사라지고 있다. 이른바 '공주병', '왕자병'이라는 표현은, 자기 안락함의 기원조차 망각한 세대에 대한 경고일지도 모른다.

우리는 지금, 과연 인격과 윤리의식이 물질적 성취만큼 함께 성장하고 있는가? 기술과 정보는 넘쳐나지만, 덕과 배려, 인내와 존중이라는 전통적 인격의 기둥은 과연 단단히 서 있는가?

"백 가지 선행 가운데 효가 으뜸이다百行之本, 孝爲先"라는 말은 결코 고루한 도덕 명제가 아니다. 효는 타인을 배려하는 인격의 근간이며, 공동체 윤리의 뿌리다. 부모를 진심으로 존중하지 않는 사람이, 어찌 타인을 향해 참된 배려를 실천할 수 있으며, 어찌 사회를 향해 책임을 온전히 감당할 수 있겠는가?

이 질문 앞에서, 우리는 다시금 '효'로 돌아가야 한다. 그것은 유가가 말하듯, 모든 덕의 근본이자, '인仁'의 시작이며, 인간됨의 바탕이다. 그리고 마침내 우리는 스스로에게 물어야 한다.

지금, 나는 부모를 향해 어떤 마음을 품고 살아가고 있는가?
그 마음은 과연 진심에서 우러난 공경恭敬인가?
아니면, 일상에 묻혀 잊힌 채 남겨진 채무감의 그림자인가?
내가 살아가는 삶의 속도와 방향 속에서, 그분들의 존재는 여전히 내 중심에 머물고 있는가?

# 나에서 세상으로
— 유가적 성찰의 시작

【원문】

魯監門之女嬰相從績, 中夜而泣涕. 其偶曰 :「何謂而泣也?」嬰曰 :「吾聞衛世子不肖, 所以泣也.」其偶曰 :「衛世子不肖, 諸侯之憂也, 子曷為泣也?」嬰曰 :「吾聞之異乎子之言也. 昔者, 宋之桓司馬得罪於宋君, 出奔於魯, 其馬佚而驖吾園, 而食吾園之葵. 是歲, 吾聞園人亡利之半. 越王勾踐起兵而攻吳, 諸侯畏其威, 魯往獻女, 吾姊與焉, 兄往視之, 道畏而死. 越兵威者, 吳也; 兄死者, 我也. 由是觀之, 禍與福相及也. 今衛世子甚不肖, 好兵, 吾男弟三人, 能無憂乎?」《詩》曰 :「大夫跋涉, 我心則憂.」是非類與乎!『韓詩外傳』卷二

【국역】

　　노魯나라 감문監門[1]의 딸인 영嬰이 동료들과 길쌈을 하다가 한밤

---

1) 監門 : 문을 지키는 낮은 관원이다.

중에 울음을 터트리니. 그 동료가 물었다.

"어째서 우는가?"

영이 말하였다.

"내가 들으니 위衛나라 세자가 어질지 못하다고 하니, 그 때문에 우는 것이오."

그 동료가 말하였다.

"위衛나라 세자가 어질지 못한 것은 제후의 걱정거리거늘, 그대가 어찌 우는가?"

영이 말하였다.

"내가 들은 것이 그대가 말하는 것과는 다르오. 예전에 송宋나라 환사마桓司馬2)가 송나라 군주께 죄를 짓고 노나라로 도망쳐 왔는데, 그 말이 달아나 우리의 채마밭에서 뒹굴고, 우리 채마밭의 아욱까지 먹어 치웠소. 그해에 채소밭 가꾸던 사람들은 소득의 절반을 잃었다고 나는 들었소. 월왕越王 구천勾踐이 군사를 일으켜 오吳나라를 공격하였을 때, 제후들은 그 위세를 두려워하였고, 노나라는 여자를 바치러 갔다오. 우리 언니도 거기에 갔소. 오라비는 언니를 찾으러 가다 길에서 두려움에 떨다가 죽어야 했소. 월나라 군대가 겁을 준 것은 오나라였지만, 오라비가 죽은 것은 나라오. 이를 누고 본다면, 화와 복은 서로 따라다니는 것이오. 지금 위나라 세자가 매우 어질지 못하

---

2) 환사마(桓司馬) : 중국 북송(北宋) 때의 정치가·학자(989~1052). 자(字)는 희문(希文). 인종(仁宗) 때에 참지정사(參知政事)가 되어 개혁(改革)하여야 할 정치상의 10개 조를 상소하였으나 반대파 때문에 실패하였다. 작품에 〈악양루기(岳陽樓記)〉, 문집 《범문정공집(范文正公集)》이 있다.

며 전쟁을 좋아한다고 하는데, 나는 남동생이 셋이나 되니, 어찌 걱정이 없을 수 있겠소?"

《시경》〈용풍鄘風 재치載馳〉에 말하였다.
"대부가 산을 넘고 물을 건너 알려오니, 내 마음 우울하구나."
이 구절이 이와 같은 경우가 아니겠는가?

**【유가의 가르침】**

처음, 이 이야기를 들었을 때, 감문監門의 딸인 '영嬰'은 분명 깊은 사유와 통찰을 지닌 인물로 다가온다. 채소밭이 짓밟히고, 오라비가 전란 중 목숨을 잃었다는 소식을 접하고서도, 그녀는 사적인 불행에만 매몰되지 않는다. 오히려 그 현실의 파편들 속에서, 국가의 위기와 시대적 불안이라는 더 넓은 구조를 꿰뚫어 본다.

겉으로 보기에, 이 여인은 나라 걱정을 자신의 일처럼 여기는 충직한 인물로 비춰질 수 있다. 그러나 실상 그녀의 통찰은 단순한 충절이나 공공심의 발로가 아니다. 그것은 '국가의 운명이 곧 자신의 삶과 직결된다'라는, 보다 근원적인 자각에서 비롯된 것이었다.

놀라운 점은, 대부분의 사람들이 자신의 일조차 구조적으로 성찰하지 못하는 현실 속에서, 그녀는 개인의 불행을 계기로 사회와 국가라는 더 큰 맥락으로 사유의 폭을 확장했다는 점이다.

이를테면 그녀가 우려한 채소밭의 파괴는, 단순히 달아난 말이 밭을 짓밟은 사건처럼 보일 수 있다. 그러나 영은 그 말이 방치된 이유가, 송나라의 환사마桓司馬가 군주에게 죄를 짓고 노魯나라로 도망쳤기 때문이라는 정치적 사연에서 비롯되었음을 간파한다. 한편, 오라비의 죽음 역시 단순한 불운이 아니라, 오吳·월越 두 나라 간의 외교적 긴장과 노나라의 미숙한 대응이라는 국제 정세의 산물임을 이해하고 있다.

이처럼 영은 자신의 고통을 보다 큰 구조적 맥락 속에 위치시키며, 눈앞의 사소한 현실을 거울삼아 시대의 윤곽을 비추어낸다. 그러나 그녀의 통찰이 단지 정세에 대한 감각이나 정치적 사고의 예리함만을 의미하는 것은 아니다. 이 이야기의 핵심은, 그녀가 어떻게 자기 삶의 국면을 넘어, 보다 광대한 세계의 구조를 사유할 수 있었는가에 있다.

대부분의 사람들은 삶의 시야를 가족, 생계, 혹은 가까운 인간관계라는 좁은 테두리 안에 머무르기 쉽다. 이는 인간의 본성에서 비롯된 자연스러운 일이다. 우리는 늘 '나의 고통', '나의 이익', '나의 앞날'이라는 울타리 안에서 고민하고 판단한다.

그러나 유가의 이상적 인간상인 '군자'란, 이 자기중심적 사유의 폭을 점진적으로 확장해 나가는 존재다. 그 출발은 언제나 '자기'이지만, 그 끝은 '천하'에 닿아야 한다. 유가는 이를 윤리적 훈련의 과정으로 간주하였다. 그런 점에서 영 또한, 자신의 밭과 오라비라는 구체적 현실로부터 출발하였으되, 그 근본 원인을 사회 구조와 국가 운영의 불안정 속에서 찾아내고 있다는 점에서, 분명 유가儒家적 사유의 궤도에 닿아 있다.

이는 북송의 유학자 범중엄范仲淹의 말에서 명징明徵하게 드러난다. 그는 말하였다.

"천하 사람들이 근심하기에 앞서 근심하고, 천하 사람들이 즐긴 후에 즐긴다."

先天下之憂而憂, 後天下之樂而樂.

자기 너머의 세계에 대한 관심은 단지 도덕적 수사의 차원을 넘어, 유가 전통의 정신적 핵심에 자리한다. 물론 범중엄이 언급한 말은 유학 내부에서도 한층 고양된 형태의 세계시민적 시야라 할 수 있다. 그러나 그 기초에는 언제나 '가족'이라는 공동체에 대한 깊은 애정이 자리하고 있다. 유가는 인간의 윤리적 실천을 개인에서 출발하여, 가족, 사회, 국가, 천하로 확장되는 동심원적 관계 속에서 사고하였으며, 그 과정을 통해 '개인과 세계는 결코 무관하지 않다'는 인식을 길러왔다.

영 역시 처음부터 천하를 염려한 것은 아니다. 그녀는 자신의 밭이 짓밟히고, 오라비가 희생된 현실에서 출발했다. 그러나 그 구체적인 경험을 보다 구조적인 차원으로 환원하며, 개인과 국가의 운명은 단절되지 않는다는 통찰에 도달한다. 그리고 바로 이 지점에서, 그녀의 사유는 유가가 이상으로 삼아온 사유의 궤도—즉 '자기'에서 '타자'로, '사사로운 일'에서 '공공의 질서'로 나아가는 인간학적 확장을 그대로 구현하고 있다.

마지막으로 주목할 점은, 이 모든 통찰을 발휘한 이가 '여성'이었다는 사실이다. 영은 당시 사회 구조 속에서 정치적 권한이나 공적 지위를 지니지 못한 존재였으나, 그녀의 인식과 사유는 남성 못지않은 통찰력과 시대를 향한 우려를 품고 있었다. 그녀의 이러한 사고는 비록 당대 여성 전체의 의식을 대변하지는 않지만, 오히려 남성 중심의 사회구조 속에서 묵직한 질문을 던진다.

"여성도 이토록 깊이 생각하고 있는데, 당신은 지금 무엇을 걱정하고 있는가?"

이 물음은 단지 성별의 경계를 넘어, 인간이라는 존재가 어디까지 사유할 수 있으며, 얼마나 넓은 세계를 인지하고, 얼마나 깊은 곳까지 자신의 존재를 성찰할 수 있는가를 묻는 것이다. 그리고 바로 그 지점에서, 우리는 이 짧은 이야기 속에 응축되어 있는 유가적 인간학의 본령, 즉 인간됨의 조건과 그 실천의 지평을 다시금 선명하게 마주하게 된다.

# 자포자기 自暴自棄
— 슬픔에 대한 자각

**【원문】**

孟子曰:「自暴者, 不可與有言也 ; 自棄者, 不可與有為也. 言非禮義, 謂之自暴也 ; 吾身不能居仁由義, 謂之自棄也. 仁, 人之安宅也 ; 義, 人之正路也. 曠安宅而弗居, 舍正路而不由, 哀哉!」『孟子·離婁上』

**【국역】**

맹자가 말하였다. "자포自暴하는 자와는 함께 이야기를 나눌 수 없고, 자기自棄하는 자와는 함께 일을 할 수 없다. 말을 할 때마다 예禮와 의義를 비방하는 것을 자포라 하고, 자기 자신이 인仁에 거처할 수 없고 의를 따를 수 없다고 여기는 것을 자기라고 한다. 인은 사람이 거처하는 편안한 집이고 의는 사람이 따라야 하는 올바른 길이다. 편안한 집을 비워두고 거처하지 아니하며 올바른 길을 내버려두고 따르지 않고 있으니 슬픈 일이다."

【유가의 가르침】

 만일 우리가 고대의 독자들이 『맹자』의 자포자기自暴自棄 설을 어떻게 이해했는지를 비교해 본다면, 그 해석의 결에 담긴 미묘하고도 흥미로운 정서적 변화를 포착할 수 있다. 가령 오늘날 널리 읽히는 주자朱子의 『맹자집주孟子集註』를 기준으로 보면, 해당 구절에 대해 주자는 다음과 같은 해석을 덧붙였다.

> 이장은 "도道는 본래 고유한 것인데 사람이 스스로 그 도를 끊어버리고 있으니, 참으로 슬픈 일이다. 라고 말한 것이다. 이는 성현이 깊이 경계한 것이니, 배우는 자는 마땅히 이를 깊이 성찰해야 할 것이다."
>
> 此章, 言:「道本固有, 而人自絶之, 是可哀也. 此, 聖賢之深戒, 學者所當猛省也.」

 즉, 모든 사람은 본래 선한 본성을 지니고 있으나, 스스로 그것을 저버리는 순간, 그 가능성은 무너지며 돌이킬 수 없는 비극이 발생한다는 것이다. 이때의 슬픔은 단순한 결과에 대한 유감이 아니다. 그것은 잃어버리지 않아도 될 가능성을 스스로 포기했다는 데서 비롯된 통탄痛歎이다.
 이에 비해, 후한後漢 시대 유학자 조기趙岐는 같은 구절을 훨씬 간결한 문장으로 다음과 같이 풀어낸다.

인에 거처하지 않고 의를 따르지 않고 있으니 슬프다는 것이다.

**弗由居是者, 是可哀傷也.**

좀 더 쉬운 말로 표현하면, '인의仁義를 좇아 살지 못하는 삶이야말로 참으로 슬픈 일이다.'라고 할 수 있을 것이다.

두 사람의 주석은 얼핏 비슷한 어조를 띠고 있지만, 그 내면에는 슬픔을 바라보는 깊이와 시선의 결이 미묘하게 다르게 흐른다. 주자의 해석이 도덕적 성찰을 촉구하는 학자의 단호한 조언이라면, 조기의 언술은 인간적인 연민에서 비롯된 조용한 탄식에 가깝다. 나는 이 두 태도 사이에서, 나의 성장기 속 어느 장면들과 겹쳐지는 기억을 떠올리게 된다.

학생 시절, 교실에서 가장 흔히 들었던 선생님의 질문은 아마도 이랬다.

"왜 공부를 안 하니?"

그러나 이 짧은 물음 너머에는 분명히 서로 다른 두 종류의 정서와 태도가 숨어 있었다.

하나는, 그저 "이 간단한 것도 왜 못하니?"라는 질책의 마음—이른바 '정진을 요구하는 선의의 분노'였다. 아직 다듬어지지 않은 가능성에 대한 안타까움, 또는 기대에 못 미치는 현실에 대한 일종의 압박

이 그 말의 이면에 자리하고 있었다.

다른 하나는, "이 문제를 나도 같이 고민하고 싶다"라는 '공감과 연대의 태도'였다. 비록 선생님 자신도 명확한 해답을 가지고 있지 않았더라도, 적어도 그 물음은 학생 한 사람의 내면을 향한 정서적 연루와 배려의 시선에서 비롯된 것이었다. 그러한 말은 위로였으며, 손 내밂이었고, 어쩌면 함께 나아가겠다는 미묘한 동의同意의 표현이었다.

그리고 또 다른 유형의 교사도 있다. 그는 문제행동을 보이는 학생을 그저 '즉석의 반면교사'로 활용할 뿐, 그 학생의 내면과 맥락에는 아무런 관심도 품지 않는다. 그 순간, 그 학생은 더 이상 하나의 인간이 아니라, 실패의 사례로 소모되는 존재가 된다. 그리고 그 감각은, 누구보다도 당사자가 가장 먼저 느끼게 된다.

이러한 경험은 학교라는 공간에만 국한되지 않는다. 사회에서도 마찬가지다. 누군가 실수하거나 일이 기대만큼 잘 풀리지 않았을 때, 많은 사람들은 "안타깝다", "유감이다"라는 말을 한다. 그러나 그 말 속에는 역시 두 가지 서로 다른 정서적 뉘앙스가 공존한다.

하나는, 결과가 아쉽다는 '상황 중심의 유감'이고, 다른 하나는, 그 일을 겪은 사람의 마음과 감정을 향한 '존재 중심의 공감과 연민'이다.

이 두 태도는 겉으로는 유사하지만, 전혀 다른 여운을 남긴다. 그리고 그 차이는, 그 말을 듣는 당사자가 누구보다도 먼저 알아차린다. 그래서 문득 묻게 된다.

"무엇이 슬픈가?", "무엇이 안타까운가?"라고.

우리는 결과가 만족스럽지 못해서 슬퍼하는가? 아니면 그 일을 겪은 사람의 내면이 무너졌을까 봐 슬퍼하는가?

맹자가 자포자기한 사람들을 향해 "哀哉(애재)"라 말했을 때, 그의 슬픔은 어디에 닿아 있었을까? 그는 단지 일이 잘못된 결과를 낳았음을 탄식한 것인가? 아니면 자신의 가능성을 스스로 포기한 인간 존재 그 자체를 근원적으로 연민했던 것일까?

그 질문은, 오늘날 우리가 주고받는 말과 태도 속에도 그대로 적용된다. 우리가 누군가에게 "미안하다"라고 말할 때, 우리는 무엇에 대해 미안해하고 있는가? 그저 실수한 상황 자체인가? 아니면 그 실수가 초래한 감정의 상처와 관계의 균열에 대해 진심으로 응시하고 있는가?

맹자의 "哀哉(애재)"는 단지 한 시대의 탄식이 아니다. 그는 설명하거나 따지지 않는다. 다만 슬퍼할 줄 아는 자가 되기를 바랄 뿐이다. 그리고 그 슬픔이, 타인의 결핍을 바라보는 안일한 동정이 아니라, 스스로의 가능성을 포기하는 무감각에 대한 통렬한 자각이기를 바란다. 그것은 오늘날 우리에게도 여전히 유효한, 사람됨을 포기하지 않기를 바라는 사상가의 가장 절절한 마음의 언어이다.

# 자초自招의 끝, 조율되지 않은 삶

【원문】

哀公問孔子曰:「有智者壽乎?」孔子曰:「然. 人有三死而非命也者, 自取之也. 居處不理, 飲食不節, 勞過者, 病共殺之. 居下而好干上, 嗜慾不厭, 求索不止者, 刑共殺之. 少以敵眾, 弱以侮強, 忿不量力者, 兵共殺之. 故有三死而非命者, 自取之也.」《詩》曰:「人而無儀, 不死何為!」『韓詩外傳』卷一

【국역】

애공哀公이 공자에게 물었다.

"지혜를 가진 자는 장수합니까?"

공자가 대답하였다.

"그렇습니다. 사람이 명命대로 살지 못하고 죽는 세 가지 경우가 있으니, 스스로 초래하는 것입니다. 거처를 관리하지 못하고, 음식을 조절하지 못하며, 과로하는 자는 온갖 병이 그를 죽입니다. 아랫사람으로서 윗사람을 범하기 좋아하며, 좋아하는 욕심이 만족함이 없어 끊임없이 찾아 구하는 자는 온갖 형벌이 그를 죽입니다. 열세인 입장으로 많은 상대를 대적하며, 약한 처지로 강한 상대를 모욕하며, 분노하여 제 힘을 헤아리지 않고 싸우는 자는 온갖 병력이 그를 죽입니다. 그러므로 이 세 가지로 죽는 것은 천명이 아니니, 스스로 초래하는 것입니다."

《시경》〈용풍鄘風 상서相鼠〉에 말하였다.
"사람이면서 위의가 없다면, 죽지 않고 무엇을 하는가?"

## 【유가의 가르침】

공자는 생전에 노나라의 애공哀公으로부터 한 가지 질문을 받는다.

"지혜로운 사람은 오래 사는가?"

이에 공자는 주저함 없이 대답한다.

"그렇습니다."

그러나 그의 말은 여기서 끝나지 않는다. 그는 오히려 '그렇지 않은 죽음들', 곧 정명正命이 아닌 죽음, 즉 삶의 이치에 부합하지 않는 죽음의 세 가지 사례를 들어 구체적으로 설명한다.

공자가 지적한 죽음의 유형은 단순히 불운이나 운명의 탓으로 환원되지 않는다. 그보다는 삶의 태도와 습관, 내면의 균형과 절제, 욕망과 분노의 감정에 대한 조율의 문제로 제시된다.

놀랍게도, 수천 년 전의 이 가르침은 오늘날 우리의 삶에 그대로 적용된다.

공자가 경계한 세 가지 '비정상적 죽음非命'은, 오히려 지금, 이 시대를 살아가는 우리의 삶의 방식과 기이할 정도로 닮아 있다.

첫째, 삶의 질서가 무너진 채 살아가는 이의 죽음이다.

공자는 생활이 무절제하고 식습관이 불규칙하며, 과로를 반복하는 사람은 병을 자초하고, 결국 그 병이 생명을 해친다고 말한다. 그는 단호히 말한다.

"온갖 병이 그를 죽인다病共殺之."

돌이켜보면 이는 오늘날 이른바 '문명병'이라 불리는 각종 질환의 주요 원인과도 정확히 일치한다. 불규칙한 수면, 잦은 외식, 운동 부족, 만성 피로와 스트레스—그 결과로 나타나는 각종 질병들. 사람들은 건강을 지키기 위해 건강기능식품을 찾지만, 삶의 리듬 자체가 무너진 상태에서는 그것조차 임시방편에 불과하다. 공자의 이 첫 번째 경고는, 삶의 형태가 곧 생명의 형태를 결정한다는 통찰을 담고 있다.

둘째, 욕망을 절제하지 못한 이의 죽음이다.

공자는 욕망 자체를 죄악시하지 않는다. 욕망은 인간의 자연스러운 속성이며, 삶을 움직이는 원동력이기도 하다. 그러나 그 욕망이 조절되지 않을 때, 사람은 이성과 판단을 잃고, 타인의 권리를 침해하거나 도리를 넘어서게 된다. 공자는 이처럼 욕망에 지배당한 삶이 결국 스스로를 파괴로 이끈다는 사실을 예리하게 간파하고 있었다. 그는 말한다.

"이들은 스스로 법을 어기고, 스스로를 죽음에 이르게 한 자들이다."

오늘날에도 유사한 사례는 적지 않다.
소유에 대한 과도한 탐욕, 끝없는 경쟁, 원칙을 저버린 이익 추구— 그로 인해 삶은 천천히 균형을 잃고, 결국 스스로 무너져 내린다. 공자가 경계한 두 번째 죽음은 욕망의 방향을 상실한 인간의 비극이다. 따라서 온갖 형벌이 그를 죽이게 된다刑共殺之.

셋째, 분노와 객기, 혈기를 조절하지 못한 이의 죽음이다.
공자는 적은 병력으로 많은 적과 맞서다 죽는 자를 예로 들며, 이는 곧 "분노를 절제하지 못하고 자신의 능력을 헤아리지 못한 자"라고 말한다. 그는 특히 혈기 왕성한 젊은이들이 감정을 조절하지 못할 때 자칫 무모한 행동으로 삶을 망칠 수 있다고 경고한다. 감정의 폭발은 한순간이고, 그 결과는 되돌릴 수 없다. 때로는 그것이 폭력과 범죄로, 더 나아가 자기 파괴와 죽음으로 이어진다.
이 세 가지 유형의 죽음을 정리하며 공자는 단언한다.

"이들은 모두 하늘이 정한 운명에 따라 죽은 것이 아니라, 스스로의 삶의 방식이 불러온 결과다."

삶은 점점 더 빠르고 가벼워진다. 감정은 자주 흔들리고, 욕망은 쉬이 방향을 잃는다. 우리는 피로를 당연하게 여기며 숙명처럼 하루를 지나친다. 그때, 공자의 말은 문득 마음을 붙잡는다. 고요한 물음 하나—"나는 지금, 나답게 살고 있는가?" 그 물음은 침묵보다 더 깊고, 그 어떤 가르침보다 더 오래 마음에 남는다.

최근 '슬로우 라이프(Slow Life)'라 불리는 삶의 방식이 새롭게 주목받고 있다. 이는 단순히 속도의 문제를 넘어서, 삶의 리듬을 다시 자기 안에서 회복하고자 하는 시도이며, 공자가 말한 '정명正命'—삶과 죽음이 자연의 도리와 내면의 질서 속에 놓인 상태—을 현대적으로 실천하려는 철학적 태도이기도 하다.

우리는 모두 어딘가를 향해 달려가고 있다.
그러나 그 달림이 내 삶을 해치고 있지는 않은가?
욕망에 쫓겨 살고 있는가?
내 삶의 리듬을 주체적으로 조율하며 살고 있는가?

공자의 말처럼, 죽음조차도 내 안에서 비롯될 수 있다는 사실을 자각할 때, 우리는 비로소 삶을 다시 조율할 수 있는 힘을 되찾게 된다. 삶은 속도의 문제가 아니라, 방향의 물음이다. 속도를 좇는 발걸음을 멈추고, 내면의 소리에 귀 기울일 때, 우리는 비로소 '정명正命'—스스로에게 부끄럽지 않은 삶의 질서—를 향한 진정한 여정에 들어설 수 있다.

# 절제와 품격의 윤리
— 말, 웃음, 그리고 취함에 대하여

【원문】

子問公叔文子於公明賈, 曰:「信乎? 夫子不言不笑不取乎?」公明賈對曰:「以告者過也! 夫子時然後言, 人不厭其言; 樂然後笑, 人不厭其笑; 義然後取, 人不厭其取.」子曰:「其然! 豈其然乎?」『論語·憲問』

【국역】

　공자가 공명가(公明賈)[1]에게 공숙문자(公叔文子)[2]〈의 인품〉을 물으셨다. "정말로 그 선생은 말씀도 없고, 웃지도 않으며, 취함도 없습니까?" 공명가가 대답하였다. "그렇게 말한 자가 지나쳤습니다. 그 선생은 때가 된 뒤에 말을 하기 때문에 사람들이 그의 말을 싫어하지 않으며, 즐거운 뒤에 웃으니, 사람들이 그의 웃음을 싫어하지 않는 것입니다. 또 도의(道義)에 부합된 뒤에 취하기 때문에 사람들이 그가 취

---

1) 공명가公明賈 : 위(衛)나라 사람이다. 성은 공명(公明), 이름은 가(賈)이다.
2) 공숙문자(公叔文子) : 위(衛)나라 대부 공손발(公孫拔)이다. 시호(諡號)가 文(貞惠文子)이다.

하는 것을 싫어하지 않습니다." 공자가 말하였다. "그렇습니까? 어찌 그렇겠습니까?"

### 【유가의 가르침】

한 인물에 대한 전언傳言이 있다. 그는 말할 자리에 말하고, 웃을 자리에 웃으며, 마땅히 취할 것을 취하는 사람이라 한다. 허튼 말을 하지 않고, 허위의 웃음을 짓지 않으며, 부당한 이익을 탐하지 않는 그의 모습은 마치 『논어』가 묘사한 군자의 전형, 곧 겸손하고 조화로운 품격의 이상형과도 같다.

그러나 이 이야기를 들은 공자는 조용히 반문한다.

"그렇다 하자. 하지만 정말 그럴까?"

공자는 성급히 단정하지 않는다. 아무리 그럴듯하게 들리는 말일지라도, 자신이 직접 보고 듣고 겪은 것이 아니라면 섣불리 판단하지 않는다. 이는 곧, '진실이란 스스로 경험되지 않고서는 함부로 판단될 수 없다'는 그의 인식론적 신중함이자, 언행의 진정성에 대한 깊은 자각에서 비롯된 태도이다.

이러한 공자의 태도는 단순한 회의주의나 습관적 의심에서 기인한 것이 아니다. 오히려 그것은 인간의 말이라는 것이 얼마나 쉽게 왜곡되고, 오용될 수 있는지를 꿰뚫어 본 윤리적 성찰의 결과이다. 『논어』의 이러한 맥락은 고대의 또 다른 일화, 즉 "증자가 사람을 죽였다"[3]는 소문이 사실처럼 유포된 사건을 통해 더욱 생생하게 드러난다.

이 일화에서 우리는 반복된 언어와 근거 없는 전언傳言이 어떻게 한 사람의 인격마저도 단번에 훼손할 수 있는지를 확인하게 된다. 아무리 도덕적으로 흠결 없는 인물이라 할지라도, 진실이 검증되기 전에 퍼져나가는 말은, 때로 그 사람의 명예를 송두리째 흔들 수 있다. 그리고 바로 이러한 위험성을 누구보다 예민하게 인식했던 이가, 바로 공자였다.

그는 말한다.

"말을 삼가라. 웃음을 삼가라. 그리고 취함을 삼가라."

이 말은 단지 과묵할 것을 권하거나, 냉소적 태도를 취하라는 의미가 아니다. 오히려 그것은 말과 웃음, 그리고 소유의 행위 속에 깃들어야 할 진정성과 절제, 그리고 그 모든 행위 이전에 반드시 수반되

---

3) 曾參殺人 : 《전국책(戰國策)》〈진책(秦策)〉에 나오는 고사이다.
증자(曾子)가 노(魯)나라의 비(費)라는 곳에 있을 때의 일이다. 이곳의 사람 중에 증자와 이름과 성이 같은 사람이 있었다. 하루는 그가 살인을 하였다. 그러자 사람들이 증자의 어머니에게 달려와 말하였다. "증삼이 사람을 죽였습니다." 증자의 어머니가 말하였다. "우리 아들이 사람을 죽이지 않았습니다." 그리고는 태연히 짜고 있던 베를 계속 짰다. 얼마 후, 또 한 사람이 뛰어 들어오며 말하였다. "증삼이 사람을 죽였습니다." 증자의 어머니는 이번에도 미동도 하지 않고 베를 계속 짰다. 또 얼마의 시간이 지났다. 어떤 사람이 헐떡이며 뛰어 들어와 말하였다. "증삼이 사람을 죽였어요!" 그러자 증자의 어머니는 두려움에 떨며 베틀의 북을 던지고 담을 넘어 달아났다. 현명한 증자를 믿는 어머니의 신뢰에도 불구하고 세 사람이 그를 의심하며 말하니, 자애로운 그 어머니조차도 아들을 믿을 수 없는 지경이 되었다.라는 내용이다.

어야 할 자기 성찰의 마음가짐을 요구하는 말이다.

『주역·계사하繫辭下』에는 다음과 같은 구절이 있다.

길한 사람은 말이 적고, 조급한 사람은 말이 많다.

吉人之辭寡, 躁人之辭多.

군자의 말은 가볍지 않으며, 많지 않되 말하는 순간마다 신중하고 무게를 지닌다. 고금에 전해지는 "말 한마디가 천금과 같다"라는 말은 결코 과장이 아니다. 말은 곧 그 사람의 마음을 담는 그릇이며, 그가 지닌 품격의 거울이다. 진심을 담아 말할 줄 아는 사람만이, 타인의 진심을 들을 자격이 있다.

웃음 또한 다르지 않다. 우리는 종종 누군가의 웃음에서 설명할 수 없는 불편함을 느낀다. 그것은 그 웃음이 진실되지 않기 때문이다. 억지웃음, 아첨의 웃음, 비위를 맞추기 위한 웃음은 듣는 이로 하여금 본능적으로 거리를 두게 만들며, 그 자체로 신뢰를 허물게 된다.

반면, 어린아이의 웃음이 우리를 감화시키는 이유는 분명하다. 그 웃음에는 계산이 없고, 감정이 자연스럽게 흘러나오기 때문이다. 기쁨이 번져 나오는 웃음—그 웃음은 말보다도 더 깊이 사람의 마음을 움직인다. 말이 이성을 전달한다면, 웃음은 감성을 전염시킨다.

재물과 소유에 대해서도 마찬가지다. 무엇을 '취할 것인가'보다, 더 본질적인 문제는 '어떤 기준으로 취하는가'이다. '의義에 따라 취하되,

불의한 이익은 멀리하라'는 말은 단지 도덕 교과서의 이상적인 구절에 머무르지 않는다. 그것은 삶의 위기 속에서도 흔들리지 않는 내면의 나침반이자, 인간을 인간답게 만드는 중심축이다.

그러나 우리는 종종 이러한 기준으로부터 멀어진다. 자신도 모르게 욕망과 상황에 휘둘리며 판단은 흐려지고, 그 속에서 초심은 조금씩 퇴색해 간다. 문제는 단 한 번의 실수가 아니다. 오히려 더 깊이 성찰해야 할 지점은, 그 실수를 반복하는 가운데 스스로 무감각해지는 과정에 있다.

공자는 공숙문자公叔文子에 대해, 그가 과연 앞서 언급된 덕목들을 진실로 지켜온 인물인가를 조용히 되묻는다. 이는 단순한 불신의 태도가 아니다. 오히려 타인의 언설을 무비판적으로 수용하는 풍조에 대한 경계이자, 자신의 판단을 섣불리 확정하지 않으려는 지혜의 표현이다.

그는 우리에게 이렇게 질문을 던진다.

"남이 말하는 군자의 모습이 과연 진실한가?"

이 물음은 타인에 대한 의심이라기보다, 오히려 우리 스스로가 진실을 향해 얼마나 주의 깊게 다가서려 하는가에 대한 반성적 성찰을 촉구하는 질문이다.

말을 아끼고,

웃음을 아끼며,

무엇을 취할 것인지를 스스로 묻는 삶.

절제의 미덕은 자신을 향한 내면의 통치이고, 진정성은 타자와의 관계를 잇는 신뢰의 언어다. 이 두 덕목이 한 사람의 품격을 이루고, 군자의 길을 조용히 견인한다. 공자의 가르침 속에서 이 절제와 진정은 단지 도덕의 훈계가 아니라, 존재의 리듬을 조율하는 지혜이며, 삶을 유연하면서도 단단하게 이끄는 윤리적 미학이다. 그러므로 군자의 도는 시대의 격랑을 넘어, 오늘 우리에게도 여전히 유효한 사람됨의 본보기가 된다.

# 물질 너머의 삶,
# 그리고 당연함이라는 그림자

【원문】

王恭從會稽還, 王大看之. 見其坐六尺簟, 因語恭 : 「卿東來, 故應有此物, 可以一領及我.」恭無言. 大去後, 即擧所坐者送之. 既無餘席, 便坐薦上. 後大聞之, 甚驚, 曰 : 「吾本謂卿多, 故求耳.」對曰 : 「丈人不悉恭, 恭作人無長物.」
『世說新語·德行第一』

【국역】

　　왕공王恭[1]이 회계會稽에서 돌아오자 왕대王大, 王忱[2]가 그를 방문

---

1) 주지(周祇)의 『隆安記』에 따르면, 왕공은 자가 효백(孝伯)이고 태원(太原) 진양(晉陽) 사람이다. 조부 왕몽(王蒙)은 司徒左長史였는데 풍류로 이름이 높았다. 부친 왕온(王蘊)은 鎭軍將軍이었는데 그 역시 당대의 명성을 얻은 인물이다. 〈王恭別傳〉에 의하면, 왕공은 청렴하고 고귀한 기품이 있고 세상의 폐단을 바로잡고자 하는 뜻이 있었다고 한다. 著作郎으로 벼슬을 시작하여 丹陽尹과 中書令을 지냈으며 외직에 나가 五州都督, 前將軍, 青州刺史, 兗州刺史를 지냈다.
2) 왕침(王忱)은 어릴 적 자가 불대(佛大)이다. 『晉安帝紀』에 따르면, 왕침은 자가

하였는데, 그가 앉은 6자尺짜리 대자리를 보고는 왕공에게 말하였다.

"경이 동쪽에서 왔기 때문에 응당 이 물건이 있을 것이니 나에게 하나 줄 수 있겠는가?"

왕공이 아무 말도 없다가 왕대가 가고 난 뒤 즉시 깔고 앉았던 대자리를 거둬 그에게 보냈다. 그리고는 여분의 자리가 없어 짚방석을 깔고 앉았다. 나중에 왕대가 듣고는 매우 놀라면서 말하였다.

"나는 실은 경이 많이 가지고 있다고 생각해서 달라고 한 것이네."

왕공이 대답하였다.

"丈人께서는 저를 잘 알지 못하시는군요. 저라는 사람은 여분의 물건이 없는 사람입니다."

## 【유가의 가르침】

'身無長物', 가진 것이 아무것도 없다는 이 표현은 『한어대사전』에 따르면 극도로 가난한 상태를 가리킨다. 그러나 역사서들이 왕공王恭을 두고 남긴 평가는 단순히 가난하다는 말로는 부족하다. 그는 "청렴하고 준엄하며 간소함을 중히 여긴" 인물로 기록되었으며, 그의 삶은 단지 빈곤을 견딘 것이 아니라, 물질에 집착하지 않는 인간됨의 품격을 실천으로 증명한 길이었다.

왕공의 일화는 한 개인의 절제된 삶을 보여주는 데 그치지 않는다. 그것은 고대 사회가 인간과 물질, 재화와 인격의 관계를 오늘날과

---

원달(元達)이고 平北將軍 왕탄지(王坦之)의 넷째 아들이다. 당대에 매우 이름이 높았다. 친척 조카인 왕공과 젊어서 서로 친하게 지냈는데 함께 명성이 높았고 칭찬을 받았다. 벼슬이 荊州刺史에 이르렀다.

얼마나 다르게 바라보았는가를 우리에게 일러준다. 현대 사회는 인간을 흔히 '경제적 인간'으로 정의한다. 부를 축적하고 효율을 극대화하며, 자신에게 유리한 조건을 끊임없이 탐색하는 존재로서 말이다. 이러한 인간상은 분명히 근대 문명과 과학 발전, 풍요로운 삶의 토대를 마련해준 원동력이기도 하다. 그러나 우리는 이 흐름 속에서, 사람과 사물, 가치와 관계마저 '시장 가치'라는 단일한 기준으로 판단하는 편협한 사고를 내면화하고 있는 것은 아닌가?

이러한 질문은 단순히 자본주의에 대한 비판으로 귀결되지 않는다. 오히려 오늘날의 우리는 더욱 근본적인 성찰 앞에 서 있다. 과연 '더 많은 것이 언제나 더 나은 삶을 의미하는가?'라는 물음은, 점점 더 진지한 방식으로 제기되고 있다. 과거 법정 스님이 강조했던 '무소유'의 철학은, 소유의 축적이 곧 삶의 풍요로 이어지지 않는다는 통찰에서 출발한다. 오히려 물질적 풍요는 때때로 인간의 내면을 피폐하게 만들며, 삶의 본질로부터 우리를 멀어지게 한다.

기후 위기, 자원 고갈, 생태계 붕괴 등 우리가 직면한 복합적인 현대적 위기는 이제 우리로 하여금 단순하고 절제된 삶의 윤리를 다시금 성찰하게 만든다. 이것은 더 이상 과거의 금욕주의적 가르침이 아니라, 지속 가능한 삶을 향한 필연적인 선택이며, 인간의 품격을 회복하기 위한 윤리적 모색이기도 하다.

이런 흐름은 왕공이나 자로子路의 삶과 맞닿아 있다. 인간관계의 진정성과 내면의 도덕성을 지키려 했다. 그리고 이러한 삶의 태도는, 과거의 성현과 오늘날의 '깨어 있는 현대인'이 공감할 수 있는 정신적 접점을 형성한다.

그러나 이 이야기에서 특히 주목할 만한 대목은, 왕침王忱이 보여준 반응이다. 사실 이 일화는 그의 짧은 말 한마디에서 출발한다.

"경이 동쪽에서 왔으니, 당연히 그런 자리가 있을 것이다. 그중 하나쯤 나도 받을 수 있겠지."

왕침은 이 말을 큰 뜻 없이 던졌을 것이다. 친척 조카인 존재에게 기대한 '당연한 친분의 혜택' 정도였을지도 모른다. 왕공 역시 이를 오래된 우정과 연장자에 대한 예우로 받아들였을 것이다. 그러나 정작 그는 자신에게 여분이 없음에도 불구하고, 기꺼이 그 자리를 내어주었고, 왕침은 뒤늦게야 자신이 무심코 던진 기대가 상대에게 불편을 주었음을 깨닫고 자책하게 된다.

바로 이 대목이 우리에게 깊은 사유를 던진다.

'당연함'이란 무엇인가?

우리는 일상에서 무수히 많은 '암묵적 판단'을 내린다.

"그는 분명 이해할 거야."
"우린 그 정도 사이잖아."
"그 친구라면 이 정도는 괜찮겠지."

이러한 판단들에는 '익숙함'이라는 이름의 정당화가 붙는다. 그러나 그 익숙함은 과연 누구의 기준인가? 그 안에는 상대의 상황과 감정, 맥락을 고려하지 않은 일방적 기대가 숨어 있지 않은가?

더욱 무서운 것은 이러한 '당연함의 착오'가, 가장 가까운 관계일수록 자주 일어난다는 점이다. 부모, 자녀, 연인, 친구, 동료 — 우리는 이들을 너무 잘 안다고 믿는다. 그래서 상대를 향한 배려가 아니라, '내가 아는 그 사람'이라는 이미지에 기댄 판단을 하게 된다. 그리고 바로 그때, 우리는 가장 익숙한 사람에게서 가장 낯선 상처를 주고받는다.

왕공의 일화는 결국 우리에게 이렇게 묻는다.

"당신은 지금, 너무 당연하게 여기고 있지는 않은가?"

혹시 나는, '당연할 수 없는 것'을 당연하게 여기며 살아가고 있지는 않은가? 내가 기대하는 이해와 배려, 관대함은, 과연 상대가 아무런 부담 없이 기꺼이 내어줄 수 있는 성질의 것인가?

왕공은 물질을 넘어선 덕德의 자리에 스스로를 단정히 세웠고, 왕침은 그 덕 앞에서 자신의 무심함을 겸허히 되돌아보았다. 그들의 이야기는 오늘을 살아가는 우리에게 조용히 속삭인다. — 진정한 관계란 무엇인가? 그리고 물질을 넘어서는 인간됨의 가치는 어디에 깃들어야 하는가?

그 물음 앞에서 우리는 다시금 관계의 본질을 되새기고, 당연하다고 믿어온 것들의 무게를 천천히 내려놓게 된다.

# 나는, 내가 아는 만큼 살고 있는가?

**【원문】**

荊伐陳, 陳西門壞, 因其降民使脩之, 孔子過而不式. 子貢[1])執轡而問曰:「禮, 過三人則下, 二人則式. 今陳之脩門者眾矣, 夫子不為式, 何也?」孔子曰:「國亡而弗知, 不智也; 知而不爭, 非忠也; 亡而不死[2]), 非勇也. 脩門者雖眾, 不能行一於此, 吾故弗式也.」《詩》曰:「憂心悄悄, 慍于群小.」小人成群, 何足禮哉!『韓詩外傳』卷一

**【국역】**

초楚[3])나라가 진陳나라를 침공하여, 진나라의 서문西門이 파괴되었

---

1) 子貢 : 《說苑》에는 '子路'로 되어 있다. 조회옥(趙懷玉)이 교감(校勘)한 내용도 이와 같다.
2) 亡而不死 : 《說苑》에서는 '忠而不死不廉(충성을 하였어도 죽지 못하는 것은 곧지 못해서이다.)'이라고 하였다. 아마 오자(誤字)가 있는 듯하다.
3) 초(楚) : 원문은 형(荊)이다. 진시황의 아버지가 젊어서 이름을 '자초(子楚)'라고 바꾸었기 때문에 진제국 이후로 진시황의 아버지를 위하여 '楚'를 '荊'으로 피휘하던 관습이 전승되었다.

다. 초나라는 항복한 진나라 백성을 시켜 수리하게 하였는데, 공자가 그 곁을 지나면서도 식式<sup>4)</sup>의 예를 행하지 않았다. 자공이 고삐를 쥐고 〈수레를 몰며〉 물었다.

"예禮에 세 사람을 만나면 〈수레에서〉 내리고, 두 사람을 만나면 식의 예를 행한다 하였는데, 지금 진나라의 문을 수리하는 자가 저리 많은데도 선생님은 식을 하지 않으시니, 어째서입니까?"

공자가 말하였다.

"나라가 망하는데도 깨닫지 못하였다면 어리석은 것이고, 깨달았지만 분투하지 않은 것이라면 불충不忠한 것이고, 망했는데도 죽지 않았다면 비겁한 것이다. 문을 수리하는 자가 비록 많지만, 이 세 가지 중에 단 하나도 행하지 못한 자들이기에 내가 식의 예를 행하지 않았다."

《시경》〈패풍邶風 백주柏舟〉에 말하였다.

"근심스런 마음 그지없어, 하찮은 자들에게도 노여움 샀네."

소인배들이 아무리 무리를 이룬들, 그들에게 무슨 예를 행하겠는가?

**【유가의 가르침】**

이 이야기는 두 갈래의 시선으로 읽어야 한다. 하나는 역사적 맥락

---

4) 식(式) : 원래 수레의 앞쪽 손잡이용 가로나무 [식(軾)]을 가리킨다. 여기서는 수레에 탄 자가 예를 표시하는 의미로 식(軾)을 잡고 몸을 굽히는 행위를 의미한다.

에서의 판단이고, 다른 하나는 도덕적 기준에 따른 평가다. 어떤 사건이 단순한 역사적 사실로만 머무르지 않고, 그 안에 담긴 인간의 선택과 태도를 통해 윤리적 통찰을 이끌어낼 수 있을 때, 우리는 비로소 그 이야기를 보다 깊은 차원에서 마주할 수 있게 된다.

먼저, 역사적 시선에서 보자. 춘추 시대의 초楚나라는 진陳과 채蔡 등 주변의 소국들을 압박하여 복속시키거나, 완충지대로 삼아 자국의 영향권 안에 두려는 전략을 일관되게 취하고 있었다. 진나라는 제후국의 명목을 유지하고 있었으나, 실질적인 자율성을 거의 상실한 채, 사실상 초나라의 실효적 지배 아래 있었다고 보아야 한다. 이 이야기 속에서도 진나라의 상황이 실질적인 파멸이었는지, 혹은 명맥만 유지된 종속국에 불과했는지는 분명하지 않다. 그러나 초나라가 진나라의 성문을 파괴하고, 그 잔해를 치우는 일에 진나라 백성을 동원했다는 사실만으로도, 이들이 현실적인 패배자의 위치에 있었다는 점은 명백히 드러난다.

패전국의 백성이 승전국의 명령에 따라 노동을 제공하는 것은 당시의 질서 안에서 그리 이례적인 일이 아니었다. 하지만 공자의 시선은 전혀 다른 곳을 향하고 있었다. 그는 이 사건을 군사적 우열이나 정치적 관계의 논리로 해석하지 않았다. 오히려 도덕적 기준으로 이 사건을 평가했고, 그 평가의 결과는 지극히 단호하고, 흔들림 없는 판단이었다.

공자는 말한다.

"그들은 지혜롭지 못했고, 충성스럽지 못했으며, 용감하지도 않았다."

국가가 패배했음을 깨닫지 못한 것은 '지智'의 부재이며, 그 사실을 인식하고도 분연히 저항하지 않은 것은 '충忠'이 없는 것이며, 분노는 했으나 끝내 자신을 던지지 못한 것은 '용勇'이 결여된 것이다.
공자는 이 세 가지 덕목의 결핍을 근거로, 그들을 존중하거나 예를 갖출 만한 이들이 아니라고 규정한다. 그는 말한다.

"사람의 가치는 그가 처한 신분이나 외적 상황이 아니라, 그가 지닌 도덕적 인식과 실천의 의지에 달려 있다."

이는 단순한 비판을 넘어선다. 한 사람 혹은 한 집단을 진정으로 존중할 수 있는 기준이, 외적인 조건이나 권력의 유무가 아니라, 그 내면의 윤리적 자각과 실천의 일관성에 달려 있음을 분명히 한 것이다.

공자는 기대했다. 나라가 멸망한 현실을 정확히 인식하고, 그에 맞는 판단을 내리며, 비록 죽음을 무릅쓰는 일이 될지라도 의로움에 따른 저항을 택할 수 있기를.
그가 지적한 '지·충·용'은 단순히 병렬적인 덕목이 아니다. 그것은 인식智 → 태도忠 → 실천勇이라는, 유가적 윤리의 작동 원리를 구조적으로 보여주는 통합적 체계다.

◆ '지智'는 도덕적 판단의 출발점이다. 상황을 인식하지 못하면,

어떤 윤리도 무의미하다.
- ◆ '충忠'은 그 인식을 바탕으로 자신이 지닌 신념에 충실하려는 태도이다. 알고도 반응하지 않는 삶은, 이미 윤리적 주체성을 상실한 상태다.
- ◆ '용勇'은 그 충성심을 행동으로 실현하는 실천의 덕목이다. 말로만 정의를 외칠 수는 없다. 실천 없는 인식은 공허하다.

공자는 이 세 덕목이 서로 분리될 수 없는 도덕적 삼각구도를 이룬다고 본다. 그중 하나라도 무너질 경우, 도덕은 전체적으로 붕괴되며, 그 사람의 존엄과 인격의 품격 역시 근본에서부터 흔들리게 된다. 그래서 그는 이른바 '강요된 패배자들'을 동정하지 않았다. 그들의 몰락이 외부의 압력에서 비롯된 것이 아니라, 이미 그 내면이 먼저 무너졌기 때문임을 비판한 것이다.

공자의 가르침은 우리에게 조용하지만, 근원적인 질문을 던진다.

"당신은 지금, 알고 있는 바를 실천하고 있는가?"

효를 안다고 하면서, 부모에게 진심을 다하고 있는가?
사랑을 말하면서도, 타인을 진심으로 품고 있는가?
신의를 말하면서도, 삶의 가장 작은 장면에서 그것을 지키고 있는가?

공자는 결국 이렇게 말하고자 한다.

"사람은 옳음을 알고, 그것을 실천할 때 비로소 사람이다."

이것이야말로, 그가 이 짧은 이야기 속에서 우리에게 전하고자 한 가장 근본적인 메시지이다. 그것은 타인을 판단하라는 말이 아니다. 오히려 '내가 알고 있는 바를 지금 얼마나 살아내고 있는가?'라는 끊임없는 자기 성찰의 물음이다. 그리고 그 물음은 지금, 이 글을 읽는 우리에게도 조용히 다가온다.

"나는, 내가 아는 만큼 살고 있는가?"

# 가난하지만 병들지 않은 삶

【원문】

原憲居魯, 環堵之室, 茨以蒿萊, 蓬戶甕牖, 桷桑而無樞, 上漏下濕, 匡坐而絃歌. 子貢乘肥馬, 衣輕裘, 中紺而表素, 軒不容巷, 而往見之. 原憲楮冠黎杖而應門, 正冠則纓絕, 振襟則肘見, 納履則踵決. 子貢曰:「嘻! 先生何病也!」原憲仰而應之曰:「憲聞之: 無財之謂貧, 學而不能行之謂病. 憲, 貧也, 非病也. 若夫希世而行, 比周而友, 學以為人, 教以為己, 仁義之慝, 車馬之飾, 衣裘之麗, 憲不忍為之也.」子貢逡巡, 面有慙色, 不辭而去. 原憲乃徐步曳杖, 歌商頌而反, 聲淪於天地, 如出金石. 天子不得而臣也, 諸侯不得而友也. 故養身者忘家, 養志者忘身, 身且不愛, 孰能忝之. 《詩》曰:「我心匪石, 不可轉也; 我心匪席, 不可卷也.」
『韓詩外傳』卷一

【국역】

   원헌原憲[1]은 노魯나라에서 살 때, 사방이 벽뿐인 작은 방에 쑥과

명아주로 지붕을 잇고, 쑥대를 엮은 문짝과 깨진 항아리로 창틀을 만들고 뽕나무를 서까래 삼고 지도리도 없었기에 위에는 지붕이 새고 아래는 축축하였다. 그런데도 그는 반듯하게 앉아 현악기에 맞추어 노래하였다. 자공子貢이 살찐 말을 타고 가벼운 옷을 입었는데, 군청색 안감에 흰색 겉감을 한 옷이었고, 〈골목이 좁아〉 수레가 들어가지 못할 지경이었는데 〈자공은 수레를 타고 원헌을〉 찾아갔다. 원헌은 닥나무로 만든 관冠에 명아주 지팡이를 짚고 문에서 응대했는데, 관을 반듯하게 쓰면 관끈이 끊어질 듯했고, 옷깃을 여미면 팔꿈치가 드러났으며, 신을 신으면 뒤꿈치가 터질 지경이었다. 자공이 말하였다.

"아! 선생은 어찌하여 병들었습니까?"

그러자 원헌이 올려다보며 대답하였다.

"제가 들은 바로는 재물이 없는 것을 가난하다고 말하고, 배우고서도 능히 행하지 못하는 것을 병들었다고 합니다. 저는 가난한 것이시 병든 것이 아닙니다. 세속에 영합하여 행동하고 부화뇌동하여 사귀어서, 남에게 드러내기 위해 배우고 자기를 내세우려 가르치며, 인仁과 의義를 방치하면서 거마車馬를 치장하거나 의복을 꾸미는 일 등은 제가 차마 하지 못합니다."

자공은 쭈뼛거리며 부끄러운 낯빛을 띠다가, 작별인사도 변변히 하지 못한 채 떠났다. 원헌은 이에 느린 걸음으로 지팡이를 끌면서

---

1) 원헌(原憲) : 춘추시대 魯나라 사람으로, 자는 子思 또는 原이며 공자의 제자이다. 『莊子·讓王』편에는 원헌이 가난한 집에 거처하면서도 琴瑟을 연주하며 지냈다고 전한다.

상송商頌의 노래를 부르며 돌아섰는데, 그 음성이 천지에 가득하여 마치 종과 경쇠에서 나는 것 같았다.

천자도 신하로 삼을 수 없는 자가 있고, 제후도 벗으로 삼을 수 없는 자가 있다. 그러므로 몸을 기르는 자는 자기 집을 생각지도 않고, 뜻을 기르는 자는 자기 몸을 생각지도 않는다. 자기 몸조차 아끼지 않는데 누가 능히 그를 더럽힐 수 있겠는가?

《시경》〈패풍邶風 백주柏舟〉에 말하였다.

"내 마음은 돌이 아니라서 굴려 볼 수도 없고, 내 마음은 돗자리가 아니라서 말아 볼 수도 없네."

## 【유가의 가르침】

『논어 · 헌문憲問』편2)에도 등장하는 원헌原憲은, 유가적 인물상 가운데서도 유독 고요한 빛을 품은 인물이다. 그는 가난하였으나 초라하지 않았고, 외로웠으나 기죽지 않았으며, 물질에 구애받지 않는 태도로 삶을 지탱한 사람이었다.

이 일화 속에서 원헌은 우리에게 '안빈낙도安貧樂道'의 전형을 선명히 보여준다. 생활이 넉넉하지 않음에도 마음은 흐트러지지 않았고, 오히려 자신을 불쌍히 여긴 자공子貢을 타이르며, 스스로를 동정할

---

2) 원헌(原憲)이 수치스러운 일에 대해 묻자, 공자께서 말씀하셨다. "나라에 도(道)가 있을 때에는 녹(祿)을 먹어야 하지만, 나라에 도(道)가 없을 때 녹을 먹는 것이 수치스러운 일이다." (憲問恥. 子曰 :「邦有道, 穀 ; 邦無道, 穀, 恥也.」 『논어 · 헌문(憲問)』)

필요는 없다고 단호히 말한다.

원헌의 눈에 비친 '병病'이란, 다름 아닌 배운 바를 삶 속에 실천하지 못하는 상태를 의미한다. 그는 자신이 가난할 뿐, 결코 병든 삶을 사는 것이 아니라고 분명히 말한다.

그의 이러한 통찰은 노장老莊 사유와도 일맥상통하는 면모를 지닌다. "차라리 진흙탕 속에서 꼬리를 끄는 거북이 될지언정, 사당에 박제된 거북은 되지 않겠다"[3]는 장자莊子의 말처럼, 원헌 역시 명리와 제도화된 가치를 거부한다. 그러나 차이가 있다면, 장자가 속세를 떠나 자유를 추구한 반면, 원헌은 궁핍한 현실 속에서도 도道를 향한 여정을 이어갔다. 그는 결핍과 고난조차 수양의 일환으로 받아들이며, 유가적 인간상의 깊이를 증명해 보였다.

---

3) 장자가 복수(濮水)에서 낚시를 하고 있었는데, 초(楚)나라 왕이 두 사람의 대부를 사자(使者)로 먼저 보내 이렇게 말하게 하였다.
"우리나라의 모든 일을 선생에게 맡기고자 원합니다."
장자는 낚싯대를 쥔 채 돌아보지도 않고 말했다.
"나는 듣건대 초나라에는 죽은 지 이미 3천 년이나 된 신귀(神龜)가 있는데 왕은 이것을 상자에 넣고 비단보로 싸서 나라의 묘당(廟堂) 안에 소중하게 간직하고 있다지요. 이 거북이는 죽어서 뼈를 남겨 소중하게 받들어지기를 바랐을까요? 아니면 살아서 진흙 속에서 꼬리를 끌며 다니기를 바랐을까요?"
두 사람의 대부가 말했다.
"그거야 차라리 살아서 진흙 속에서 꼬리를 끌며 다니기를 바랐을 테죠."
장자가 말했다.
"돌아가시오. 나도 진흙 속에서 꼬리를 끌며 자유로이 놀 작정이오."
(莊子釣於濮水, 楚王使大夫二人往先焉, 曰:「願以境內累矣!」莊子持竿不顧, 曰:「吾聞楚有神龜, 死已三千歲矣, 王巾笥而藏之廟堂之上. 此龜者, 寧其死爲留骨而貴乎? 寧其生而曳尾於塗中乎?」二大夫曰:「寧生而曳尾塗中.」莊子曰:「往矣! 吾將曳尾於塗中.」『장자·추수(秋水)』)

원헌이 자공에게 전한 말은 오늘을 사는 우리에게도 울림을 준다. 세속의 눈으로 보자면 그는 '불쌍한 사람'일지 모른다. 그러나 원헌 자신은 도道의 중심을 지키고 있는 한, 가난은 결코 병이 될 수 없다고 확신한다.

그는 되묻는다.

무엇이 진정 병든 삶인가?

세속의 눈치를 살피며 아첨을 '처세'라 여기고, 진정으로 배우기를 게을리하면서도 허울 좋은 학문을 좇으며, 삶의 의미를 상실한 채 오직 재물만을 추구하는 것—이야말로 병든 삶이 아니냐고.

세속의 기준은 결코 절대적인 것도, 영원한 것도 아니다. 그럼에도 우리는 다수의 힘이나 여론, 혹은 미디어의 조작에 휩쓸려, 비판 없이 그 기준을 내면화하기 쉽다. 이를테면 부富에 대한 사회적 태도만 보아도 그렇다. 부유함 그 자체는 비난받을 일이 아니다. 그러나 '어떻게 부자가 될 것인가?'에 대한 담론은 넘쳐나면서, '어떻게 살아야 하는가?'에 대한 근본적 질문은 점점 자취를 감추고 있다.

물질의 축적은 삶의 수단일 뿐, 결코 삶의 궁극적 목적이 될 수 없음에도 우리는 그것을 얼마나 자주 망각하는가? 유가는 끊임없이 묻는다.

"사람은 무엇을 향해 사는가?"

"무엇을 지키며 살아야 하는가?"

그들은 인간이 자아를 상실하고 세속의 흐름에 몸을 맡긴 채 살아가는 삶을 경계하였다. '자기다움'을 잃지 않는 것, 그것이야말로 유가가 말하는 삶의 중심축이었다.

지금, 만약 우리가 원헌처럼 곤궁한 상황에 처한다면, 그처럼 담담히 웃고, 너그럽게 말하며, 자신의 길을 묵묵히 걸어갈 수 있을까?

이 물음은 오늘을 살아가는 우리 모두에게 묵직한 철학적 과제를 던진다. 무엇이 진정 병든 삶인가?

원헌은 단호히 말한다.

"몸은 비록 궁핍하나, 마음은 이치를 품고 있기에 병들지 않는다."

이 한 문장이야말로, 현대를 사는 우리가 삶의 혼란 속에서 다시 붙잡아야 할 삶의 나침반이 아닐까?

세속의 기준은 끊임없이 우리를 유혹한다. 더 많이 소유하고, 더 높이 올라야 한다고. 그러나, 원헌은 조용히 일러준다.

삶의 진정한 품격은 물질의 유무가 아니라,
도道를 향한 흔들림 없는 마음에 달려 있다고.

가난 속에서도 꿋꿋이 자신을 지킨 한 유학자의 이야기는, 오늘 우리에게 가장 깊은 물음을 던진다.

나는 지금, 무엇을 기준으로 살아가고 있는가?

그리고 우리는 지금, 어떤 기준 위에 서 있는가?

| 지은이 소개 |

## 공병석 孔炳奭

경남 창원에서 태어나 성장하였다.
대구한의대학교 한문학과를 졸업한 후, 성균관대학교 교육대학원과 민족문화추진회(현 한국고전번역원)에서 학문적 기반을 다졌으며, 이후 대만 사립 동오대학東吳大學 중문연구소에서 중문학 석사학위를, 국립 대만사범대학臺灣師範大學 국문(중문)연구소에서 왕관사王關仕 선생과 달생達生 공덕성孔德成 선생의 지도로 중문학 박사학위를 취득하였다.
현재 계명대학교 타블라 라사 칼리지 교수로 재직 중이며, 성균관의례정립위원회 위원으로도 활동하고 있다. 주요 연구 분야는 경학經學과 예학禮學이며, 『공자예학연구』, 『예기와 묵자 상장사상 비교연구』, 『예기 상례의 인문관』, 『예학강의─공자편』, 『예학강의─주례편』, 『예학강의─의례편』 등 다수의 저서를 집필하였다.
또한 「『예기』 상장관의 인문의식」, 「『묵자』의 상장관」, 「상례의 이론적 의의와 그 기능─『예기』를 중심으로」, 「『예기』를 통해 본 중국 고대 교육제도와 교학 이론」, 「『의례』의 상복오등喪服五等 예제」, 「『예기』와 『묵자』의 효도관─상장관을 중심으로」 등 예학 관련 논문을 지속적으로 발표하며 학문적 깊이를 더해가고 있다.

## 儒家의 작은 이야기 큰 울림 ①

초판 인쇄 2025년 6월 20일
초판 발행 2025년 6월 30일

지은이 | 송명석
펴낸이 | 하운근
펴낸곳 | 學古房

주　　소 | 경기도 고양시 덕양구 통일로 140 삼송테크노밸리 A동 B224
전　　화 | (02)353-9908 편집부(02)356-9903
팩　　스 | (02)6959-8234
홈페이지 | http://hakgobang.co.kr/
전자우편 | hakgobang@naver.com
등록번호 | 제311-1994-000001호

ISBN 979-11-6995-689-5 94150
　　　979-11-6995-688-8 (세트)

값 : 25,000원

■ 파본은 교환해 드립니다.